Exorzismus

Die Austreibung böser Kräfte

von

Frater Raskasar

Zum Buch:

Es handelt sich bei diesem Buch um die Ausbildungsmanuskripte des hermetisch magischen Ordens OAH (Ordo arcanum de Hermetica), herausgegeben und autorisiert vom Repräsentanten des Ältestenrates des Ordens, Frater Raskasar.

Weitere Titel aus dieser Reihe von Frater Raskasar:

Die Runen und das Ogham, Bohmeier Verlag 2006, ISBN 978-3-89094-475-3
Die vier Elemente in der Magie, Symbole d. Autorität, ISBN 978-3-89094-476-0
Edelsteine und das siderische Pendel, von Frater Raskasar und Sor. Kysira, ISBN 978-3-89094-693-1
Kundalini - Die Kraft der schlafenden Schlange, ISBN 978-3-89094-576-7
Blutmagie, Lebenskraft als Potential des Wirkens, ISBN 978-3-89094-730-3
Präkognition, Hellsehen oder das Zweite Gesicht, ISBN 978-3-89094-732-7
Telepathie, Die Macht des Geistes nach einer Vorlage von Karl Spiesberger von Frater Raskasar, ISBN 978-3-89094-733-4

ISBN 978-3-89094-731-0

INHALTSVERZEICHNIS

Hinweis des Verlages

Wir weisen darauf hin, dass diese Buchreihe erstmals Ordensinterna, d. h. ursprüngliche Manuskripte aus der theoretischen und praxisorientierten Arbeit weitergibt. Beim Lernen und Anwenden der Techniken innerhalb des Ordens, war und ist die Hilfe von Ordensmitgliedern meist selbstverständlich, so dass letztlich auch immer eine „Kontrollinstanz" gegeben ist.

Nun gibt es inzwischen viele Adepten, die sich alleine auf die ereignisreiche, aber auch gefahrvolle Reise der Selbsterkenntnis begeben.
So wie eine Tasse Kaffee Ihre Psyche und Physis in Form von Wachheit und Kreislaufanregung verändern kann, so können grundsätzlich alle Methoden und Übungen die man sich erarbeitet, eine Geistes-, Gemüts- und zu einer Physis-Veränderung führen. Dabei ist es egal, was Sie tun: Ob Sie den ganzen Tag bei TV-Serien abhängen oder sich aktiv im Leben, im Beruf oder ‚sonst wie' und ‚sonst wo' befinden,– verändern werden Sie sich immer durch Ihr tun und handeln. Der kleine Unterschied zum „magischen Pfad" besteht (nur) darin, sich gezielt und bewusst hin zu seinen eigenen Wünschen und Ideen zu ändern.

Wir möchten deshalb unbedingt noch einmal ganz deutlich machen: *Das Anwenden und Verwenden der in diesem Buch beschriebenen Praktiken und Übungen, kann sich auf Ihre Psyche und körperliche Gesundheit auswirken* und sollte nur von einem geübten Praktiker (und/oder zum Teil nur unter Aufsicht) ausgeführt werden. Die absolut minimalste grundsichernde Voraussetzung, ist ein „magisches Tagebuch" welches kontinuierlich als „Kontrollinstanz" geführt wird.
Im Zweifel sollten Sie immer Rat (ärztlichen oder psychologischen) suchen. Dies gilt insbesondere auch dann, wenn hier Tipps zu Krankheiten, Beschwerden und Heilungsmethoden usw. gegeben werden.

Einige Titel aus dieser Reihe beschreiben Praktiken und enthalten Arbeitsanweisungen und Methoden die weit vom üblichen Mainstream abweichen. Deshalb auch hier noch einmal der Hinweis: Alle auffordernden Textpassagen („Tue jetzt dies ..." und „als nächstes jenes ..." stellen nur *Möglichkeiten* an eine Herangehensweise dar. Autor und Verlag weisen ausdrücklich darauf hin, dass sie *keinesfalls als eine Aufforderung* (etwas Bestimmtes zu tun oder zu lassen) *zu verstehen sind.* Keinesfalls wird hier zu Drogenkonsum, Straftaten und/oder ähnlichem aufgerufen. Jedes Lebewesen sollte (auch und gerade in seiner Unverletzlichkeit) respektiert werden.

Der Bohmeier Verlag ist frei von jeglichen Ansprüchen bezüglich eventueller Verletzungen von Körper, Gesundheit, Eigentum oder anderen materiellen und/oder immateriellen Werten der durch den Gebrauch oder Missbrauch der in diesem Buch gegebenen Hinweise entstehen könnte. Die Benutzung dieses Buches und die Umsetzung der darin enthaltenen Informationen erfolgt ausdrücklich auf eigene Gefahr.

Wir wünschen Ihnen viel Erfolg!

Übungstagebuch

<table>
<tr><td colspan="2">Übungsname:</td></tr>
<tr><td>Datum:</td><td rowspan="2">Übungsdauer von ____________
bis ________________</td></tr>
<tr><td>Ort:</td></tr>
<tr><td colspan="2">Übungsbeschreibung:</td></tr>
<tr><td colspan="2">Erlebnisse, Gefühle, Empfindungen während der Übung:

Probleme:

Problemlösungsideen:</td></tr>
<tr><td colspan="2">Besondere Vorkommnisse:</td></tr>
<tr><td colspan="2">Ergebnisse der Übung:</td></tr>
<tr><td>Ergebniszufriedenheit:</td><td>Wünsche:</td></tr>
<tr><td>Fortschritte:</td><td>Ziel:</td></tr>
</table>

Dies ist eine Kopiervorlage vom Bohmeier Verlag, die Sie frei kopieren und verwenden können. Natürlich können Sie auch eine eigene Vorlage erstellen, angepasst an Ihre individuellen Übungen.

Vorwort

Der Glaube an Besessenheit war schon in der Antike allgegenwärtig. Auf sie führte man auch Krankheiten wie zum Beispiel Epilepsie, Psychosen und Neurosen zurück. In der christlichen Vorstellung ist jedoch schon jeder Nichtchrist irgendwie vom Teufel befallen, daher stellt bereits die Taufe eine Form des Exorzismus dar. Unter Exorzismus (griech. exorkizein = Dämonen vertreiben) versteht man jedoch im eigentlichem Sinn das Vertreiben von Wesenheiten, welche entweder direkt durch den Betroffenen wirken, durch sein Umfeld auf den Betroffenen wirken oder „nur" auf das Umfeld des Betroffenen wirken. Die Vertreibung findet dabei durch eine mentale Auseinandersetzung statt, in welcher vor allen Dingen Glaubenssätze eine Rolle spielen und durch Gesten sowie durch symbol-logische Handlungen untermauert werden, welche zum Teil auf eine Jahrtausende alte Tradition und Erfahrung zurückblicken können. Der Exorzismus ist jedoch eine sehr heikle Angelegenheit, die vom Exorzisten eine große psychische und körperliche Stabilität verlangt, wie fundierte Kenntnisse sowohl auf dem Gebiet der Psychologie als auch der Medizin – und natürlich der Magie, insbesondere der Dämonenmagie.

Wichtig: Wer in unseren Breiten heutzutage Exorzismus praktiziert, macht sich zudem sehr schnell strafbar (Körperverletzung, Nötigung, Verstoß gegen das Heilpraktiker- oder Heilgesetz usw.) und sollte sich daher vorher auch im rechtlich-bürgerlichen Sinne entsprechend absichern und beraten lassen.

Indem der Exorzist den Geist wahrnimmt, sein Wesen erkennt und mit ihm aggressiv kommuniziert oder mit ihm „geschäftlich" verhandelt, um sein Opfer wieder freizugeben, sorgt der exorzierende Magier dafür, dass der Patient die Fähigkeit zur Selbstbestimmung wiedererlangt. Allerdings muss hierbei zwischen einer echten Besessenheit und einer andauernden bzw. chronischen Geistesgestörtheit differenziert werden. Diese Fälle gelten gemeinhin als unheilbar, ein Exorzismus

kann in diesen Fällen allenfalls vorübergehende Linderung bringen, dauerhafte Heilungen jedoch sind fast völlig ausgeschlossen.
Aber die abendländische Psychiatrie steht in diesem Punkt auch nicht besser da: Gegen echte Psychosen vermag auch sie nichts auszurichten außer einer Ruhigstellung des Patienten mit pharmazeutischen Mitteln, was im Prinzip einer Dauerbetäubung gleichkommt. Sinnvoller erscheinen da noch die Ansätze der Sozialtherapie, bei der versucht wird, geistig gestörte Menschen in eine Gemeinschaft mit Gesunden zu integrieren. Es besteht jedoch kein Zweifel daran, dass der Exorzismus auch eine psychologische Komponente hat. Zum einen tritt der Exorzist gegenüber dem Patienten als Autorität auf, schließlich ist er der einzige, der sich relativ gefahrlos im Reich der Geister bewegen kann, weil er ihre Gesetze kennt und schon viel Zeit darin verbracht hat. Zum anderen kann es beim Exorzismus durchaus auch Placebo-Effekte geben, was aber nichts zur Sache tut, solange das Ziel, die Befreiung des Patienten von seiner Besessenheit, erreicht wird.

Dies besagt jedoch noch lange nicht, dass es mit milden Ermahnungen zum „positiven Denken“ und mit der Aufforderung, „die Sache doch einfach optimistischer zu sehen“ oder gar fleißig zu beten getan ist. Das Gebet ist sicherlich noch die wirkungsvollste dieser insgesamt äußerst ineffizienten Techniken, aber dies auch nur, wenn der Patient ein wirklich religiöser Mensch ist, der bei seiner Gottheit echten Schutz findet. Mit dem Glauben erst dann zu beginnen, wenn die Besessenheit schon eingesetzt hat, ist dagegen ein hoffnungsloses Unterfangen.

Gerade bei Besessenheitssymptomen liegt es nahe, den Schluss zu ziehen, dass es sich bei diesen Erscheinungen „nur“ um subjektive, rein psychische Störungen wie Schizophrenie oder Epilepsie des Opfers handelt. Dem widersprechen jedoch die zahlreichen Fälle, bei denen diese psychologische Theorie nur ungenügend oder überhaupt nicht greift, etwa wenn die Besessenheit von realen Phänomenen wie Poltergeisterscheinungen, Hellsichtigkeit, und Befähigungen wie die Psychokinese oder der Telepathie usw. begleitet wird, die im Extremfall bis zur physischen Vernichtung des Exorzisten führen können, wenn dieser nicht ausreichend geschult ist und über einen sehr starken Willen verfügt.

Differenzierung

Auszug aus der „Thomasius-Schrift“ gegen den Glauben an „Zauber- und Hexerey“ (1755): „Wenn sich jemand bemühe, mit dem Teufel einen Pakt zu schließen, und dieser fiele hierauf in eine ungewöhnliche Krankheit, wider welche keine natürlichen Mittel helfen, ungeachtet alles angewandten Fleißes. Einem solchen Besessenen kann freilich kein Arzt helfen. Ein solcher Besessener muss sich dem Exorzisten überlassen, wenn er geheilt werden will.“

Der Pakt mit dem Teufel

Bevor man jedoch einen Exorzismus durchführt ist es sicherlich sinnvoll zunächst (wie es auch der Vorgehensweise der katholischen Kirche entspricht) die Angelegenheit medizinisch und psychopathologisch abzuklären und gegebenen Falles die darauffolgenden Therapien abzuwarten.

Geopathische Belastungen

Wenn sich diesbezüglich kein Befund feststellen lässt sollte auch die Möglichkeit des Einflusses auf die entsprechende Person durch Geopathien, wie sie durch Magnetfelder infolge von Wasseradern, Erdverwerfungen, starke Stromleitungen und dergleichen hervorgerufen werden können, in Betracht gezogen werden und durch den Einsatz von Hochfrequenzpendel oder Tensoren geprüft und gegebenen Falles so gut als möglich neutralisiert werden. Dies sollte schon deshalb mit in Betracht gezogen werden, da die Auswirkungen eines solchen Feldes ebenfalls durch Einfluss auf die Regeneration des Schlafes und des Biomagnetismus organische Beeinträchtigungen entstehen können, welche auch Einfluss auf den Stoffwechsel und die Gehirntätigkeit haben können, uns zu emotionalen Veränderungen, Depressionen, Angstzuständen ja sogar zu Halluzinationen führen können, welche jedoch keinen pathologischen Hintergrund haben und somit auch nicht diagnostiziert werden können. Die Schulmedizin spricht hier von so genannten Ideopathien (= eingebildete Krankheiten).

Um hierbei eine Verbesserung zu erreichen reicht es oftmals schon aus, wenn der Schlafplatz des Betroffenen verändert wird und man die Schlafstätte nach dem magnetischen Meridian, (Kopf im Norden, Füße im Süden) ausrichtet. Hierbei ist es sinnvoll das Bett aus dem Bereich des störenden Kraftfeldes zu entfernen, wobei meist schon geringe Veränderungen ausreichen. Weiter können durch große Rosenquarze, welche in einem Abstand von mindestens einem Meter vom Bett entfernt aufgestellt werden, diese magnetischen Felder absorbiert werden, wozu jedoch mindestens kindskopfgroße Steine verwendet werden sollten, um eine nachvollziehbare Wirkung zu erzeugen. Auch das Vermeiden von Spiegeln sowie die Abschaltung des Stromes im Schlafzimmer durch so genannte Netzfreischalter, wie auch das Vermeiden von Metall, insbesondere im Bett in Form von Rosten oder Taschenfederkernmatratzen (deren Spiralfedern im Zusammenwirken mit den Magnetfeldern stromführender Leitungen wie Mikrowellengeräte funktionieren), können hier weitere Abhilfe schaffen.

Morphogenetische Felder

Neben den Geopathien sind häufig auch psychogenetische Felder sowie eine Negativabstrahlung der umgebenen Materie die Ursache von vielen Bedrängnissen, welche jedoch zum größten Teil rein psychischer Natur sind. Aus diesem Grund sind auch auf diese Felder zu achten, welche ebenfalls mit dem Hochfrequenzpendel oder einem Tensor geprüft werden können und bei positivem Befund, vor jeder weiteren Maßnahme, zu neutralisieren sind.
Bei psychogenetischen Feldern handelt es sich um eine Verdichtung welche durch entsprechend intensives Gedankengut entstanden ist und auf das Unterbewusstsein wirkt, wodurch wieder entsprechendes Gedankengut gefördert wird. Um aus diesem Kreislauf ausbrechen zu können muss auf der einen Seite das Feld aufgelöst werden und auf der anderen Seite an der Sichtweise der Betroffenen gearbeitet werden, schon um der Entstehung eines neuen Feldes vorzubeugen. Je nachdem wie intensiv diese Felder waren, oder wie lange sie bereits bestehen, werden Informationen daraus auch von der sie umgebenden Materie (insbesondere dem Gestein der Wände) gespeichert, welche dann diese Informationen über einen zum Teil sehr langen Zeitraum abstrahlen. Da diese Abstrahlung aus emotionalen Informationen besteht und wie morphogenetische Felder wirkt, stoßen derart imprägnierte Wohnorte feinfühlende Menschen ab und erzeugen bei diesen ein beklemmendes Gefühl, welches sich jedoch nach einer gewissen Zeit der Gewöhnung wieder verliert.

Hier ist es ratsam die Wohnung mit neutralisierenden Drogen, vor allem aber mit Kampfer und mentholhaltigen Kräutern, auszuräuchern, da diese in der Lage sind gespeicherte Informationen und damit auch Emotionen zu löschen bzw. zu neutralisieren.

Erst wenn diese „Vorarbeiten" erledigt wurden, keine medizinischen Indikatoren feststellbar sind und die Symptome trotzdem weiterhin vorherrschen, kann von einer „okkulten" Belastung oder Heimsuchung ausgegangen werden, welche nunmehr einen Exorzismus erforderlich macht. Auch hier muss jedoch zunächst eine genaue Abgrenzung vorgenommen werden um die geeignete Vorgehensweise daraufhin abstimmen zu können. Unterschieden werden muss dabei unter der Umsessenheit, dem Bedrängnis und der Besessenheit welche hier genauer erörtert werden um eine entsprechende Abgrenzung treffen zu können:

Bedrängnisse (lat. Obsessionen)

welche größtenteils durch Karma-Veränderungen mittels Flüchen oder Verwünschungen hervorgerufen werden. Sie zeichnen sich durch Herzrasen, tage-, ja sogar wochenlange Schlaflosigkeit, generelle Übernervosität und Untergangsvisionen aus.
In den meisten Fällen sind derartige Flüche an ein Objekt gebunden welches in die unmittelbare Nähe des Betroffenen gebracht wurde (Fetisch, Talisman, Hexenflaschen etc.). Um hier also wirkungsvolle Gegenmaßnahmen zu ergreifen ist zunächst abzuklären, ob sich ein solcher Gegenstand auffinden lässt. Auch hier leistet der Hochfrequenzpendel wertvolle Dienste.
Wenn ein solcher Gegenstand gefunden wurde und ein Zusammenhang hergestellt werden kann, ist dieser vor der Reinigung und Versiegelung des Gebäudes entsprechend zu neutralisieren.[1]

Umsessenheit (lat. Circumsessio)

ist eine Präsenz von Astralwesen oder von Geistern Verstorbener (verdichtetes Bewusstsein).
Sie zeichnet sich vor allem durch häufig auftretende Albträume, Verfolgungswahn, das Auftreten von Poltergeistphänomenen in Gegenwart des Opfers, (besonders, wenn es sich in einem Zustand starker Angst oder Erregtheit befindet) „mediale Durchsagen“ (meist destruktiven oder angstbetonten Inhalts) aus.
Die Betroffenen werden bei dieser Form oft mit Zudringlichkeiten gequält, erleiden unerklärliche seelische, geistige oder körperliche Schmerzen, manchmal mit Aufforderung zum Suizid, diffusen Störungen wie Schattensehen, Kältegefühlen oder Blockaden. Im Gegensatz

---

1 Siehe dazu Ausbildungsmanuskripte zur „Wortmagie“ und „Sympathiemagie“.

zur Besessenheit sind die Betroffenen zwar von dämonischen Wesen umgeben, jedoch nisten sich diese dabei nicht in dessen Körper ein. Derartige Einflüsse sind ebenfalls mit einem Hochfrequenz- oder eben Spiralpendel festzustellen. Ebenso kann damit der genaue Aufenthaltsort des Geistes umrissen werden. Ist dies geschehen so ist der betroffene Raum durch Schutzglyphen zu versiegeln damit der Geist nicht mehr entweichen kann. Der Raum ist daraufhin nach Dinge abzusuchen, welche einen Bezug zu dem Geist haben, eine Verbindung zu diesem darstellen oder gar darin gebunden sind. Im Anschluss erfolgt die „Kontaktaufnahme" zu dem entsprechenden Wesen bei welcher eine Vereinbarung geschlossen werden soll. Ist dies nicht möglich erfolgt die Austreibung.

Besessenheit (lat. Posessio)

Besessenheit wird als gewaltsame Übernahme des Geistes und/oder des Körpers eines Wesens durch ein anderes definiert, durch welche die Handlungen des Menschen gesteuert werden. Dazu schlüpft ein Geist oder Dämon in diesen und bemächtigt sich des Körpers, wobei der ursprüngliche Besitzer des Körpers teilweise oder vollkommen verdrängt wird.

Herkömmlich gelten als Symptome von Besessenheit: das unkontrollierte Hören von „Stimmen", die das Opfer häufig zu Zwangshandlungen verleiten; radikale Persönlichkeitsveränderungen bis zum Verlust des eigenen Identitätsgefühls; das Gefühl, dass ein fremdes Wesen sich im Körper des Betroffenen eingenistet hat; Krämpfe und Halluzinationen; Aggressivität, vor allem gegen den Exorzisten; Aversionen gegen sakrale Gegenstände; die Entwicklung ungeheurer körperlicher Kräfte, die sich vor allem in Augenblicken der Bedrohung (z. B. beim Versuch der Ruhigstellung durch Helfer) und der Angst manifestieren; Gedächtnisverlust nach destruktiven oder für den Betroffenen augenscheinlich völlig untypischen Handlungen; plötzliche Schüttelanfälle und Schweißausbrüche bis hin zu Fieberschüben; starke Veränderungen der Stimme und der Persönlichkeit; starke Weitung der Pupillen; das Sprechen und Verstehen fremder, nicht gelernter Sprachen; das

Offenbaren von entfernten und verborgenen Dingen: Besessene plaudern Bosheiten über andere aus, die sie eigentlich nicht wissen können; zum Teil unnatürliche Verrenkungen der Glieder.

Da diese Form der Beeinflussung eher selten vorkommt und einige dieser Symptome durchaus auch pathologische Ursachen wie Epilepsie oder von Schizophrenie (ein Begriff, der inzwischen allerdings auch als viel zu unscharf und vieldeutig kritisiert wird) haben kann, muss abgeklärt worden sein, ob es eventuell eine psychopathologische Vorgeschichte gibt oder neuronale Störungen bis hin zu Drogenmissbrauch die Ursache dafür sein könnten. Eine klare Unterscheidung wird hierbei jedoch schwer sein weswegen ein hohes Maß an Einfühlungsvermögen für die richtige Einschätzung notwendig ist. In den meisten Fällen kann jedoch eine Abgrenzung erst durch die Ausführung des Exorzismus selbst vorgenommen werden, da ein Besessener in aller Regel empfindlich darauf reagiert. Mitunter kommt es sogar vor, dass der Dämon, welcher von dem Betroffenen Besitz ergriffen hat, bei seiner Austreibung sich in der Art zur Wehr setzt, dass er versucht den ergriffenen Körper zu zerstören oder umzubringen was zuweilen auch gelingt, wenn der Exorzist nicht die Kontrolle über den Dämon erlangt. Er peinigt dabei den Körper mit Verrenkungen und plötzlichen Anschwellungen des Bauches und anderer Gliedmaßen und verhindert mitunter jegliche Nahrungsaufnahme.

Berichte aus der Praxis

Über die eigentliche Natur der Besessenheit spricht sich ein katholischer Exorzist folgendermaßen aus:
»Das Besessensein, die Dämonomanie ist eine eigentümliche Geistesstörung mit nervösen Leiden welche mit der Erweckung magischer Kräfte einhergeht, welcher meistens eine tiefe Affektion des physischen Lebens voraus und zur Seite geht. Oft wird sie durch Visionen eingeleitet, die Betroffenen sehen schwarze Schatten, Tiergestalten usw. Sie entsteht häufig durch geistige Einflüsse, heftige Gemütsbewegung, widernatürlicher Zwang der Verhältnisse, daher bricht die Besessenheit vor allem in Klöstern, Waisenhäusern und anderen

streng geführten Instituten zum Ausbruch. Alle Momente, welche andere Formen des Irrsinns erzeugen, können unter Umständen Besessenheit hervorrufen: physische Leiden, Zorn, Liebe, Ehrgeiz, Neid, religiöser Fanatismus. So wundert es nicht dass der Fluch einer Mutter ihre Kinder besessen macht (wie Görres, Mystik 11V. 1. 87 einen solchen Fall mitteilt).
Wenn die krankmachende, feindliche Einwirkung Platz ergriffen hat, so schafft diese eine Schwäche durch welche sich fremde geistige Kräfte in den Körper einnisten können, welche sich als fremdes Wesen, welches in der sittlichen und intellektuellen Sphäre die Bösartigkeit und Verkehrtheit zeigt. Je heftiger und intensiver letztere, desto wütender und teuflischer ist der Dämon, welcher den Menschen quält, ihm die gesunde Nahrung und alles, was er sonst liebt verleidet. Der Dämon, lässt den Besessenen nichts genießen, misshandelt und plagt den Leib, wütet gegen alles Religiöse und die, welche es gegen den Leidenden vertreten wollen. Die Ausbrüche der Wut beim Exorzismus, Gebeten oder Bekehrungsversuchen erklären sich aus dem instinktiven Widerwillen der Besessenen gegen Mittel die ihren Trieben entgegengesetzt sind; es ist, als wenn man einen zur Wut gebrachten Hungrigen mit moralischen Betrachtungen abspeisen wollte.«

Geistig stellen sich diese Kämpfe der entzweiten Natur dar als Wüten des Dämons gegen das besessene Subjekt und gegen die religiösen Mächte, was auch ein Wüten des Subjekts gegen sich selbst und seine frühere Überzeugung sein kann. Aber es ist nicht immer nur ein Dämon da, sondern bisweilen mehrere, zehn, hundert, ja viele Tausende, nach dem Spruch: Unsere Zahl ist Legion. Diese Zahlen geben die Dämonen selbst an, wie sie auch von der unter ihnen bestehenden Stufenfolge zu reden wissen. Alle diese visionären Gestalten sind Vertreter gewisser Prinzipien die miteinander in Konflikt geraten.
Man kennt fast kein Beispiel, dass wahrhaft gebildete Personen besessen geworden seien; das Elend trifft meist Personen geringeren Standes, woraus sich die Gemeinheit und Rohheit der angeblichen Dämonen erklärt. Bloße Arzneimittel heilen die Besessenheit äußerst selten, weil sich das Übel in der seelischen Sphäre befestigt.

Die eigentlichen Brutstätten der Besessenheit waren jedoch oftmals die Nonnenklöster mit ihrer naturwidrigen Lebensweise und ihren geheimen Sünden. So wurden Mädchen oft wegen Unsittlichkeit von ihren Eltern ins Kloster gesteckt, wo sie mitunter bestialisch gezüchtigt wurden. Aber auch die halluzinogene Wirkung des Mutterkorns, war mitunter für solche Vorkommnisse ausschlaggebend.
So soll die im Kloster Werteln, in der Grafschaft Hoorn grassierende Besessenheitsepidemie von einer armen Frau verursacht worden sein, welche während des Fastens im Kloster wohnte und sich vier Pfund Korn geborgt und zu Ostern das Doppelte wiedergebracht hatte. Nach ihrer Entfernung fand man im Schlafzimmer Körner wie kandierte Fruchtsamen, die aber von Geschmack salzig waren. Bald darauf hörte man ein Stöhnen wie von einem Kranken, und eine Stimme rief die Nonnen sollten aufstehen, sie sei krank. Als diese nun, weil sie eine Schwester erkrankt glaubten, aufstanden, war alles ruhig. Wenn die Schwestern ihr Wasser lassen wollten, wurde ihnen von unsichtbarer Hand der Nachttopf entrissen und der Urin in die Betten geschüttet. Manche wurden im Bett an den Beinen emporgehoben und so sehr an den Fußsohlen gekitzelt, dass sie vor Lachen sterben zu müssen glaubten. Anderen wurden Stücke Fleisch aus dem Hintern gezwickt und die Schienbeine, Arme und Gesichter verletzt. Einige auf diese Art gequälte Nonnen hatten 52 Tage lang nur Rübensuppe ohne Brot gegessen und erbrachen ungeheure Mengen einer tintenschwarzen Flüssigkeit, welche so scharf und bitter war, dass sie die Schleimhaut des Mundes zerstörte, was durch kein Mittel gemildert werden konnte. Noch andere wurden über die Häupter der Anwesenden erhoben und dann auf die Erde geworfen.
Als Besucher in das Kloster kamen fanden diese die Nonnen besinnungs- und sprachlos mit starren Extremitäten wie tot unter dem Tisch liegend. Eine Nonne wurde in die Luft erhoben, und obgleich sie die anderen mit Gewalt herabziehen wollten, über ihre Köpfe hinweggeführt und auf die Erde geworfen, dass sie wie tot dalag. Nachdem sie wieder zu sich gekommen war, ging sie, als ob nichts geschehen wäre, aus dem Krankenhaus ins Kloster. Einige liefen mit eingeknickten Un-

terschenkeln auf den Knien und andere, denen die Glieder wie gebrochen schlotterten, wurden wie an Stricken gezogen. Andere wieder kletterten wie Katzen auf die Bäume und stürzten herab, ohne Schaden zu leiden. Als die Äbtissin mit der Gräfin Margarethe von Büren einen Umgang durch das Kloster unternahm, wurde ihr ein Stück Fleisch aus dem Schenkel gerissen, so dass sie vor Schmerz laut aufschrie und zu Bett gebracht werden musste. Die Wunde eiterte und wurde schwarz, heilte aber endlich. Es ereignete sich auch, dass zwei so verletzte Nonnen voller Lachen von einer schwarzen Katze schwatzten, welche eine in der Stadt wohnende alte Frau in einem Korb ins Kloster gebracht hätte; die wurde dann wirklich von einer gesunden Nonne gefunden und mit dem Korb zur Äbtissin gebracht als diese in Gegenwart einiger Nonnen den Korb öffnete, sprang die Katze heraus und verschwand. Nun ging man gegen die alte Frau peinlich vor, und noch sieben andere Weiber wurden in diese Angelegenheit verwickelt, die anscheinend im Sande verlief. Die Belästigung des Klosters dauerte drei Jahre. Es scheinen hier durch böse Künste spukhafte Erscheinungen hervorgerufen worden zu sein.

Eine ähnliche epidemische Besessenheit wurde im Kloster Kentorp in der Grafschaft Mark beobachtet, wo das Übel von einer Nonne namens Anna Lembou ausging, die zuerst von einer Art epileptischer Anfälle geplagt zu werden schien. Dann verfiel sie in Somnambulismus, sprach im Traume und prophezeite. Die bekannten fürchterlichen Krämpfe und Gliederverrenkungen stellten sich ein und endlich Levitationen, nach denen sie, ohne Schaden zu leiden, mit größter Gewalt zur Erde niederstürzte. Nach und nach wurden alle Nonnen in ähnlicher Weise geplagt.
Nach den Anfällen wussten die Nonnen jedoch nichts mehr von den Vorfällen.
Es scheint hier, dass eine epidemisch gewordene Nymphomanie zu den Ursachen gehört, denn vor dem Ausbruch wurden liederliche junge Männer gesehen, welchen allnächtlich mit Strickleitern Zutritt zum Kloster verschafft wurde. Das Übel hätte jedoch erst begonnen, als dies durch Gitter an den Fenstern verhindert wurde.

Im Jahre 1670 wurden die Kinder des Waisenhauses zu Hoorn besessen. Die Kinder stürzten, wie die Hunde heulend, zu Boden und verfielen in fürchterliche Krämpfe, worauf ihr Unterleib furchtbar anschwoll und wieder zusammengezogen wurde; ein solches tobendes Kind konnte kaum von mehreren Männern gehalten werden.

Derlei Besessenheitsepidemien ziehen sich durch die ganze Geschichte. Sehen wir uns dazu beispielsweise den epidemischen Selbstmord der Mädchen zu Milet an, von welchem Plutarch erzählt; oder die theatralische Epidemie der Abderiten, den Korybantismus; die Kastrationsepidemie, welche nach der Selbstentmannung des Origenes um sich griff, und die gegen welche die Konzilien von Nicäa, Genf und Arles einschritten. Auch die Tanz- und Geißelwut gehört zu diesem Phänomen, ebenso wie die Kinderkreuzzüge, das schottische Springfieber, die schwedische Predigtkrankheit, das malaysische Amoklaufen sowie die verschiedenen magischen Zustände bei den Camisarden, Konvulsionärs, Quäkern usw. usw.

Die Grundstrukturen des Exorzismus

Die eigentlichen Techniken des Exorzismus (im Christentum meist „Teufelsaustreibung“ genannt) sind zwar oberflächlich betrachtet sehr vielseitig, bei genauerer Untersuchung stellt sich jedoch heraus, dass ihre Strukturen sich weltweit fast bis aufs Haar gleichen:

- Die Dämonenaustreibung findet fast immer nur im rituellen Rahmen statt.
- Das Ritual ist in aller Regel kompliziert, langwierig und von starken äußeren Reizen (z. B. energisches lautes Sprechen, Lichteffekte, symbolische Handlungen) begleitet.
- Die ohnehin meist starke Erregung des Patienten wird vom Exorzisten noch künstlich bis ins Orgiastische getrieben, wobei auch Emotionen wie Angst, Wut, Entsetzen, Trauer usw. genutzt und ggf. übersteigert werden.
- Mitunter wird dazu beim Exorzismus auf körperliche Gewalt zurückgegriffen oder es wird zumindest mit ihr gedroht. Dazu gehören sowohl Zwangsfasten als auch das Fesseln des Opfers –bis zum Zufügen körperlicher Schmerzen.
- In Extremfällen spiegelt der Exorzist das anomale Verhalten des Patienten in stark übertriebener Form wider, bis dieser durch Schock in die Alltagswelt zurückfindet.
- Meistens finden mehrere Behandlungen in zeitlich möglichst kurzem Abstand statt, oft wird der Patient auch „stationär" untergebracht, so dass er dem Exorzisten völlig ausgeliefert ist.
- Die Auseinandersetzung mit dem besitzenden Geist oder Dämon artikuliert sich meist als Willenskampf zwischen Exorzist und Wesenheit. Dabei bedient sich der Exorzist oft einer höheren Instanz (Gott, Schutzgeist usw.) und spielt deren Macht gegen die des feindseligen Wesens aus. Das schließt nicht aus, dass auch mit Lockmitteln und Versprechungen gearbeitet wird und regelrechte „Verträge" zwischen Exorzist und Geist ausgehandelt werden. Ziel solcher Verhandlungen ist es zumeist, das Wesen in eine Geisterfalle zu locken, aus der es aus eigener Kraft nicht mehr entweichen kann und dem Willen des Exorzisten gehorchen muss.
- Im anderen Fall bedient sich der Exorzist einer Reihe von Gegenständen und Substanzen (z. B. Kruzifix, Weihwasser), die dem Dämon zuwider sein sollen, oder er ergeht sich in Schmähreden gegen das als „untergeordnet und unterlegen" begriffene Wesen, rezitiert für den Dämon abscheuliche „heilige Litaneien" (= Worte der Kraft/Macht) usw. Damit soll es in ein „Jenseits", in die „Leere"

oder „zurück in die Hölle“ verbannt werden, wonach die Schnittstelle zwischen dieser Anderswelt und dem Diesseits rituell/magisch „versiegelt“ wird, um eine Rückkehr zu unterbinden.

Diesbezüglich ist es jedoch keineswegs so, dass nur katholische Priester Exorzismen betreiben oder diese nur innerhalb des römisch- katholischen Ritus durchgeführt werden können. Weltweit werden seit tausenden von Jahren in allen Religionen Exorzismen durchgeführt, wobei die unterschiedlichsten Techniken und Traditionen zum Einsatz kommen. Der auch heute in der katholischen Kirche geltende Exorzismus geht auf das „Rituale Romanum“ aus dem Jahr 1614 von Papst Paul V. zurück. Darin wird die Folge von Gebeten, Bibelversen und Beschwörungen sowie das Erkennen und Verhören der Dämonen geregelt. Der Exorzist soll den Dämonen das Dasein in der besessenen Person derart vergällen, das sie aufgeben und „ausfahren“. Zulässige Hilfsmittel: Kruzifix, Rosenkranz, Weihwasser und andere geweihte Gegenstände.

Dieses Ritual, welches durch den Vatikan bis heute gelehrt und zur Anwendung gebracht wird, ist hierbei mit seiner festgelegten Folge von Gebeten, Anrufungen, und Beschwörungen, in welcher auch Segnungen mit geweihtem Wasser, Weihrauch und Kruzifix zum Einsatz kommen, ein prominentes Beispiel für angewandte Magie innerhalb des römisch-katholischen Ritus, welches vor allem bei gläubigen Katholiken große Wirkung zeigt.

Interessanterweise äußern sich jedoch besitzende Dämonen meist sehr kulturspezifisch, so dass man im christlichen Kontext nur selten auf balinesische oder islamische Dämonengestalten treffen wird usw. Manifestiert sich das Dämonische beim Katholiken, wird ein solches Wesen in der Tat vor allem alles im kirchlichen Sinne „Heilige“ angreifen und entweihen, weswegen in vielen Fällen das Ritual Romanum oder eben die Conclavis Romanis in unseren Breitengraden mithin eine gute Wirkung zeigt. Durch seinen alttestamentarischen Hintergrund und den hebräischen Gottesbezeichnungen eignet es sich jedoch auch für Anhänger des jüdischen Glaubens, welcher letzten Endes Pate für das Christentum stand.

Vorgehensweise

Rituale Romanum (der kleine Exorzismus)

Beim kleinen Exorzismus werden durch Gebete, Segnungssprüche und -handlungen, welche hintereinander in nüchternem Zustand (ohne zuvor etwas gegessen zu haben) vorgenommen und die Segnungen solange wiederholt, bis es den besitzergreifenden Geistern derart unangenehm wird, dass diese von dem Betroffenen ablassen, nur um einen Ort aufzusuchen der ihnen weniger Konfrontation bietet. Das oder die Wesen werden dabei also verdrängt.
Dementsprechend kann diese Vorgehensweise neben echten Besessenheitszuständen auch in Fällen der Umsessenheit oder der Obsession angewendet werden und zeigt auch in diesen Fällen gute Erfolge.

Neben dem direkten Exorzismus, bei welchem im Falle von echten Besessenheitszuständen die Befreiungsgebete und Segnungen in der Gegenwart der betroffenen Person gesprochen werden, kann dem Betroffenen auch durch eine indirekte Vorgehensweise geholfen werden, wobei sich der Exorzist auf die Person mit Hilfe des magischen Spiegels konzentriert und den Erfolg der Gebete visualisiert. In Fällen, in welchen dem Exorzisten die entsprechende Person nicht durch etwaige Vorgespräche bekannt ist, sollten dem Exorzisten jedoch für diese Arbeit ein zeitnahes Foto sowie die persönlichen Daten der Person mit einer Beschreibung seines Zustandes vorliegen.

Die Bekreuzigung

Innerhalb des Exorzismus im katholischen Ritus ist der Betroffene nach jedem Gebet mit dem Kreuzzeichen zu segnen, wie es in der katholischen Liturgie wie folgt vorgeschrieben ist:
Vereine zuerst beide Hände vor der Brust mit aneinander liegenden Handflächen, lege dann die linke Hand flach vor die Brust (infra pectus, = in der Gegend des Herzens) und erhebe die rechte Hand mit ausgestreckten und aneinander geschlossenen Fingern bis zur Stirn,

wobei die innere Handfläche dem Körper bzw. der Stirn ganz zugekehrt sein muss, berühre danach mit den Spitzen der drei ersten Finger unter den Worten: „In nomine Patris“ die Stirn, ohne das Haupt dabei zu neigen, lasse dann in der geraden Linie die Hand bis zur Brust hinab, berühre diese und spreche: „Et Filii“ hierauf führe man die Hand zur linken Schulter, berühre sie und spreche: „Et Spiritus“, nun bringe man die etwas gekrümmte Hand (in gerader Linie) zur rechten Schulter und berühre sie, spreche „Sancti“ und vereine bei: „Amen“ die Hände wieder vor der Brust indem die Handflächen aneinander gedrückt werden (Gebetshaltung).
Die Ähnlichkeit zum kabbalistischen Kreuz des hebräischen Ritus ist hierbei ebenso wie zum Brustgriff sicherlich nicht rein zufällig...

Die Segnung des Betroffenen wird mit dem Zeige- und Mittelfinger der rechten Hand (den Schwurfingern) vollzogen indem erst die vertikale von oben nach unten und dann die horizontale von links nach rechts auf die zu segnende Person gezogen wird. Darüber hinaus kennt die katholische Kirche die Form des kleinen Kreuzzeichens, bei der mit dem Daumen jeweils ein Kreuzzeichen über Stirn, Mund und Brust gezeichnet wird. In der Liturgie wird so vor dem Vortrag des Evangeliums zum Ausdruck gebracht, dass der Gläubige das Wort Gottes verstehen, verkündigen und verinnerlichen will, was bei den Exorzismen jedoch von den Betroffenen als Bekenntnis selbst durchzuführen ist.

Auch das Auflegen eines geweihten Kreuzes zeigt mitunter gute Wirkung. Zwischen den Gebeten ist die oben dargestellte Kurzform des kirchlichen Bannspruches zu rezitieren und Weihwasser auf die betroffene Person zu spritzen. Hier nun einige dieser Befreiungsgebete:

Befreiungsgebete

Handelt es sich um die Wirkung eines Fluches oder um Obsessionen so kann mit Bannung und magischen Auflösungen gearbeitet werden. Bei negativen Feldern kann durch Segnungen des Ortes und Reinigung durch symbollogische Handlungen sowie Verbrennung von Weihrauch vorgegangen werden. Bei Umsessenheits- und echten Besessenheitszuständen jedoch ist es wichtig die beherrschenden Glaubenssätze des „Gegners“ in Erfahrung zu bringen. Handelt es sich bei der betroffenen Person um einen gläubigen Menschen so sind Gebete oder Psalmen aus der Bibel respektive dem Neuen Testament zielführend, welche nachfolgend wiedergegeben werden. Erfolgen dabei Angriffe, so werden diese bei der direkten Vorgehensweise durch Versprengen von Weihwasser zurückgeschlagen Die Kraft des Weihwassers wird dabei verstärkt, indem der folgende Bannspruch während des Besprengens rezitiert wird, welcher innerhalb des römisch-katholischen Ritus die kürzeste Form der Bannung solcher Wesen darstellt:

„Mit der Macht und der Autorität des gekreuzigten und auferstandenen Herrn Jesus Christus, sowie der heiligen Jungfrau Maria gebiete ich dir, unreiner Geist, weiche!"

Psalm 68

„Es stehe Gott auf, dass seine Feinde zerstreuet werden, und die ihn hassen, vor ihm fliehen. Vertreibe sie, wie der Rauch vertrieben wird; wie das Wachs zerschmilzt vom Feuer, so müssen umkommen die Gottlosen vor Gott.

Die Gerechten aber müssen sich freuen und fröhlich sein vor Gott und von Herzen sich freuen. Singet Gott und lobpreiset seinem Namen! Machet Bahn dem, der da sanft herfährt und freuet euch vor ihm, denn er ist der Vater der Waisen und ein Richter der Witwen. Er ist ein Gott der die seinen in seine heilige Wohnung holt, ein Gott, der den Einsamen das Haus voll Kinder gibt, der die Gefangenen zu rechter Zeit befreit und die Abtrünnigen in der Dürre bleiben lässt.

Gott, da du vor deinem Volk herzogest, da du einhergingest in der Wüste, da erbebte die Erde, und die Himmel verneigen sich vor Dir O Gott, der Du Israels Gott bist und die elenden mit deinen Gütern labst. Scharen von Evangelisten bezeugen dies mit dem Wort welches Gott gab. Die Könige der Heerscharen sind untereinander Freunde und tilgen allen Raub. Wenn ihr zu Felde lieget, so glänzet es als der Tauben Flügel, die wie Silber und Gold schimmern, da der Allmächtige selbst

diese Könige einsetzt. Und so wird es hell, wo es dunkel ist, wenn diese das Schwert gegen die Widersacher Gottes erheben.
Gelobt sei der Herr täglich! Wir haben einen Gott, der da hilft, und uns vor dem Tode errettet. Gott wird den Kopf seiner Feinde zerschmeißen samt ihrem Haarschädel, die da fortfahren in ihrer Sünde. Darum werden die Füße seiner Kämpfer durch das Blut seiner Feinde gefärbt werden, und deine Hunde werden es lecken.
Ihr Königreiche auf Erden, singet Gott, lobsinget dem Herrn, der da fährt im Himmel von Anbeginn. Siehe, er wird seinem Donner Kraft geben. Gebt Gott die Macht! Denn seine Herrlichkeit ist bei den seinen durch seine Macht in den Wolken. Denn Gott ist wundersam in seinem Heiligtum und Er wird denen die Ihn anrufen Macht und Kraft geben. Gelobt sei Gott!“

Psalm 27

„Der Herr ist mein Licht und mein Heil. Vor wem sollte ich mich fürchten? Der Herr ist die Kraft meines Lebens. Vor wem sollte mir bangen?
Dringen Frevler auf mich ein, um mich zu verschlingen, meine Bedränger und Feinde, sie müssen straucheln und fallen.
Mag ein Heer mich belagern. Mein Herz wird nicht verzagen. Mag Krieg gegen mich toben, Ich bleibe dennoch voll Zuversicht.
Nur eines erbitte ich vom Herrn, danach verlangt mich, im Haus des Herrn zu wohnen, alle Tage meines Lebens, die Freundlichkeit des Herrn zu schauen und nachzusinnen in seinem Tempel.
Denn er birgt mich in seinem Haus am Tag des Unheils; er beschirmt mich im Schutz seines Zeltes, er hebt mich auf einen Felsen empor.
Nun kann ich mein Haupt erheben über die Feinde, die mich umringen. Ich will Opfer darbringen in seinem Zelt, Opfer mit Jubel, dem Herrn will ich singen und preisen.
Vernimm, o Herr, mein lautes Rufen, sei mir gnädig und erhöre mich! Mein Herz denkt an dein Wort: «Sucht mein Angesicht!» Dein Angesicht, Herr, will ich suchen.

Verbirg nicht dein Gesicht vor mir, weise deinen Knecht im Zorn nicht ab! Du wurdest meine Hilfe. Verstoß mich nicht, verlass mich nicht, du Gott meines Heiles!
Wenn mich auch Vater und Mutter verlassen, der Herr nimmt mich auf.
Zeige mir, Herr, deinen Weg, leite mich auf ebener Bahn trotz meiner Feinde!
Gib mich nicht meinen gierigen Gegnern preis, denn falsche Zeugen stehen gegen mich auf und wüten. Ich aber bin gewiss, zu schauen die Güte des Herrn im Land der Lebenden.
Hoffe auf den Herrn und sei stark! Hab festen Mut und hoffe auf den Herrn!"

Psalm 57

„Sei mir gnädig, o Gott, sei mir gnädig, denn ich flüchte mich zu dir. Im Schatten deiner Flügel finde ich Zuflucht, bis das Unheil vorübergeht. Ich rufe zu Gott, dem Höchsten, zu Gott, der mir beisteht.
Er sende mir Hilfe vom Himmel, meine Feinde schmähen mich. Gott sende seine Huld und Treue.
Ich muss mich mitten unter Löwen lagern, die gierig auf Menschen sind. Ihre Zähne sind Spieße und Pfeile, ein scharfes Schwert ihre Zunge.
Erheb dich über die Himmel, o Gott! Deine Herrlichkeit erscheine über der ganzen Erde.
Sie haben meinen Schritten ein Netz gelegt und meine Seele gebeugt. Sie haben mir eine Grube gegraben, doch fielen sie selbst hinein.
Mein Herz ist bereit, o Gott, / mein Herz ist bereit, ich will dir singen und spielen.
Wach auf, meine Seele! Wacht auf, Harfe und Saitenspiel! Ich will das Morgenrot wecken.
Ich will dich vor den Völkern preisen, Herr, dir vor den Nationen lobsingen.
Denn deine Güte reicht, so weit der Himmel ist, deine Treue, so weit die Wolken ziehen.

Erheb dich über die Himmel, o Gott, deine Herrlichkeit erscheine über der ganzen Erde."

Psalm 90

„Wer unter der Hilfe des Allerhöchsten wohnt, der wird im Schirm Gottes des Himmels bleiben. Er wird zum Herrn sagen, du bist der mich aufnimmt, und mir Zuflucht gewährt. Du bist mein Gott und auf dich hoffe ich. Denn er hat mich vom Strick der Jäger erlöset und vom scharfen Wort. Er wird dich mit seinen Achseln überschatten und du wirst deine Hoffnung unter seinen Flügeln haben. Seine Wahrheit wird dich mit einem Schild umgeben, du wirst dich nicht fürchten vor dem nächtlichen Grauen.
Für den Pfeil, der zu Mittag fliegt, für das Gespenst, das in der Finsternis herumwandelt, für den Anlauf und Teufel, der zu Mittag wütet.
Es werden tausend fallen an deiner linken Seite und zehntausend an deiner rechten Seite, aber dir wird nichts geschehen. Sondern du wirst sie anschauen mit deinen Augen und die Vergeltung der Gottlosen sehen. Denn Herr, du bist meine Zuversicht, du hast deine Allerhöchsten für deine Zuflucht genommen.
Es wird kein Unglück zu dir kommen, und die Plage wird vor deiner Hütte weichen. Denn er hat seinen Engeln befohlen, dass sie dich behüten auf deinen Wegen. Dass sie dich auf Händen tragen, damit du deinen Fuß auch nicht an einem Stein stoßest.
Du wirst über Nattern und Basilisken schreiten und wirst die Löwen und Drachen zertreten. Weil er auf mich gehofft hat, so will ich ihm aufhelfen und will ihn beschirmen, denn er hat meinen Namen erkannt. Wenn er mich ruft, so will ich ihn erhören, ich bin mit ihm im Leiden und will ihn daraus erretten und zu Ehren bringen. Mit langem Leben will ich ihn erfüllen und ihm mein Heil zeigen.
So sprach der Herr und so soll es sein in Ewigkeit Amen."

Bete jetzt das Evangelium nach Johannes (Neues Testament, 4. Buch) und beende das Evangelium mit folgenden Worten:

„Johannes zeugte von ihm, rufet und spricht: Dieser war es, von dem ich gesagt habe, nach mir wird kommen der vor mir gewesen ist, denn

er war ehe denn ich war, und vor seiner Fülle haben wir genommen Gnade um Gnade, denn das Gesetz ist durch Moses gegeben, die Gnade und Wahrheit ist durch Jesus Christus gewährt worden. Niemand hat Gott gesehen, als der eingeborene Sohn, der in des Vaters Schoß ist und er hat es uns verkündet.
Vater unser im Himmel, geheiligt werde dein Name, dein Reich komme, dein Wille geschehe, wie im Himmel so auf Erden. Unser täglich Brot gib uns heute und vergib uns unsere Schuld, wie auch wir vergeben unseren Schuldigern und führe uns nicht in Versuchung, sondern erlöse uns von dem Bösen, denn dein ist das Reich und die Kraft und die Herrlichkeit und in Ewigkeit. Amen."

Es folgen weitere Befreiungsgebete des kirchlichen Kanons, welche nacheinander gebetet werden. Auch hier wird zwischen den Gebeten der kirchliche Bannspruch wiederholt und Segnungen mit Kreuzzeichen und Weihwasser ausgeführt.

„Komm unserem Tun, wir bitten Dich, O Herr, mit Deiner Gnade zuvor und begleite es, damit alles, was wir beginnen, bei Dir seinen Anfang nehme und durch Dich vollendet werde."

„Herr, kehre ein in dieses Haus, und halte alle Nachstellungen des Feindes von ihm fern. Deine heiligen Engel mögen darin wohnen und uns im Frieden bewahren. Und dein Segen sei über uns allezeit."

„Alle Heiligen Gottes, bittet für uns. Sei uns gnädig, verschone uns, o Herr. Von allem Übel, erlöse uns, o Herr, von aller Sünde, von den Nachstellungen des Teufels, von Zorn, Hass und allem bösen Willen. O Christus, höre uns. Christus, erhöre uns. Herr, erbarme Dich unser. Christus, erbarme Dich unser."

„Ich aber, Herr, ich vertraue dir, ich sage, „Du bist mein Gott." In Deiner Hand liegt mein Geschick; entreiß mich der Hand meiner Feinde und Verfolger! Lass dein Angesicht leuchten über deinem Knecht, hilf mir in deiner Güte! Herr, lass mich nicht scheitern, denn ich rufe zu Dir. Scheitern sollen die Frevler, verstummen!"

„Streite, Herr, gegen alle, die gegen mich streiten, bekämpfe alle, die mich bekämpfen! Ergreife Schild und Waffen; steh auf, mir zu helfen!

... Zurückweichen sollen sie und vor Scham erröten, die auf mein Unglück sinnen. ... Er fange sich selbst in seinem Netz, er falle in die eigene Grube.“

„O heiliger Josef, Beschützer Jesu, reinster Bräutigam Marias, der du dein Leben in vollkommener Erfüllung deiner Pflichten verbracht hast, indem du mit deiner Hände Arbeit die Heilige Familie in Nazareth erhalten hast, sei uns geneigt und schütze uns, die wir uns vertrauensvoll an dich wenden ... Hilf uns, zu verstehen, dass wir nicht allein sind bei unserer Arbeit, und dass wir Jesus neben uns zu entdecken wissen, dass wir ihn mit der Gnade annehmen und getreu bewahren, wie du es getan hast.“

„Jesus von Nazareth, gerechtester König – König der Gerechtigkeit und aller Gerechten – die Kraft und Macht dieses siegreichen Titels beschütze und bewahre uns vor allen sichtbaren und unsichtbaren Feinden und Gefahren. Amen."

„Sieh das Kreuz des Herrn! Fliehet, ihr feindlichen Mächte! Gesiegt hat der Löwe aus Juda, die Wurzel Davids! Halleluja!“

„Heiliger Josef, deine Macht erstreckt sich über alle unsere Nöte und Anliegen. Du weißt möglich zu machen, was unmöglich zu sein scheint. Wir sind doch deine Kinder! Schau in väterlicher Liebe auf alle unsere Belange.“

„Herr, lass meinen Engel, deinen guten und Feuerflammenden Diener, mir zur Rechten und zur Linken, vor und hinter mir, über und unter mir und um mich sein, dass er die bösen Geister vertreibe!“

„Gott, Du ordnest alles mit Macht und Weisheit; Engeln und Menschen teilst Du ihre Dienste zu. Gib, dass die Macht des Bösen nicht überhand nimmt, sondern sende Deine heiligen Engel, die im Himmel vor Dir stehen, in diese Welt, damit sie uns vor Unheil schützen. Darum bitten wir durch Christus, unseren Herrn. Amen.“

„Herr Gott, himmlischer Vater, wir danken Dir für Deine väterliche Barmherzigkeit, dass Du uns durch Deine Engel führest und behütest, und bitten dich: Du wollest durch den Schutz Deiner lieben Engel

Leib, Leben und alles, was wir auf Erden haben, erhalten, und vor den Anschlägen des bösen Feindes in Frieden bewahren, auf dass wir Dich für Deine Güte allezeit preisen. Durch Jesus Christus, unsern Herrn. Amen."

„Glorreicher Fürst der Himmelsheere, heiliger Erzengel Michael, verteidige uns im Kampfe gegen die Mächte und Gewalten, gegen die Weltbeherrscher dieser Finsternis, wider die Geister der Bosheit unter dem Himmel! Komme den Menschen zu Hilfe, die Gott nach seinem Ebenbilde und Gleichnis schuf und um hohen Preis aus der Tyrannei Satans erkaufte. Dich verehrt die heilige Kirche als ihren Schutzpatron; dir übergab Gott, der Herr, die erkauften Seelen, um sie einzuführen in die Freuden des Himmels. Bitte den Gott des Friedens, dass er Satans Macht unter unseren Füßen vernichte, damit dieser die Menschen nicht mehr beherrschen und der Kirche nicht mehr schaden könne! Bringe unser Gebet vor das Antlitz des Allerhöchsten, damit die Erbarmungen des Herrn bald auf uns herabkommen! Ergreife den Drachen, die alte Schlange, die nichts anderes ist als der Teufel und Satan, und stürze ihn gefesselt in den Abgrund, damit er die Völker nicht mehr weiter verführe!"

Bei anderen Glaubensrichtungen wie der des Christentums, in welcher überwiegend Texte aus dem Alten und Neuen Testament zur Anwendung kommen, sind die Texte aus der Clavicula Solomonis oder dem Necronomicon hilfreich. Der Exorzist sollte hier experimentieren und herausfinden, was dem Dämon besonders zuwider ist. Von körperlicher Gewalt ist jedoch strikt abzusehen. Hiervon ausgenommen sind Fesselungen, welche mitunter der Sicherheit des Exorzisten dienen. Jedoch sollte auch hierzu zuvor ein schriftliches Einverständnis eingeholt werden. Auch das Fasten über mehrere Tage ist durchaus dienlich, wobei darunter eine rationierte, diätische Kost zu verstehen ist und nicht der Vorenthalt jeglicher Nahrungsmittel.
Die Gebete und Anrufungen müssen jedoch stets laut und mit fester Stimme rezitiert werden.
Bei Besessenheitszuständen ist während der Austreibung ein Spiegel über das Gesicht des Betroffenen anzubringen, in welchen der ausge-

triebene Geist entweichen kann. Dieser Spiegel ist dann in ein schwarzes Seidentuch zu hüllen und entweder für die spätere Verwendung aufzubewahren (wobei der Spiegel mit bannenden Glyphen versehen werden sollte und der direkte Blick in den Spiegel auf jeden Fall vermieden werden muss) oder darin zu zerstören. Dazu wird der Spiegel, über dem Licht einer exorzierten Kerze gehalten und anschließend für einen Tag in fließendes Gewässer ausgesetzt welches das Od der Intelligenz völlig auflöst, wobei die Reste dem Magnetismus der Erde übergeben werden und bannende Glyphen zum Einsatz kommen sollten.

Exorzismus aus anderen Traditionen

Reinigung von Gebäuden

Im Höllenzwang des Dr. Faustus wird eine Vorgehensweise beschrieben mit welcher Spukgeister aus Gebäuden verbannt werden, also bei Umsessenheit angewendet werden kann.
Es heißt darin: Willst Du einen Geist verbannen aus einem Hause oder Gebäude oder sonst wo, so mache es auf folgende Art:
Mache Dir einen neuen Besen aus einem Haselnussstiel an dessen Ende mit einer Hanfschnur Birkenreisig befestigt wird, zünde ein Licht an, dessen Bereitung nachgehend beschrieben wird, und kehre bei diesem angezündeten Licht mit dem neuen Besen das ganze Haus aus. Wenn Du nun mit dem Licht an die Stätte kommst, wo sich der Geist aufhält, so wird das Licht verlöschen.
Alsdann wird es augenblicklich anfangen zu heulen wie ein Hund. Halte dann mit dem kehren inne und lasse den Besen liegen. Aber Du darfst nicht nach der Türe des Zimmers kehren sondern zum Fenster.
Nun sprich folgende Worte:
„Astaroth, Fürst der Geister, ich .... (Ordensname) beschwöre dich, halte den Geist welcher hier sein Unwesen treibt fern von hier und binde ihn in deinem Reich!" durch Anomisam, Comeosama, Adebisda Haf, Holosolidis, Astaroth fix habidis, maxit, Luciver; Kertissa."

Und wenn Du diese Worte gesprochen hast, so räuchere das ganze Haus mit dem nachstehend beschriebenen Räucherwerk aus. Und wenn der Geist aus dem Hause ausgefahren ist, kannst Du ihn an einen Ort binden, der zuvor benannt wurde. Binde ihn mit diesen Worten und wenn Du das Wort „bind" sagst, so musst Du einen Strick bei Dir haben in welchen Du bei diesem Wort einen Knoten ziehst, durch welchen er solange gebunden ist, bis die neun Knoten wieder geöffnet werden. Binde den Geist mit folgenden Worten:

„O Astaroth mas binde mir diesen unruhigen Geist mit Adamam mohi Siccorpof et Filius Mandadiel bind Nosmiamo lama bind Liabaala bind Amen."
Diese Bindung spreche dreimal hintereinander:

Zur Bereitung des Rauchwerkes nimm Wacholderholz, Kreuzdornholz und von allen Türen im Hause Späne. Zerkleinere die Bestandteile, vermenge diese und lege die Mischung auf glühende Kohlen, so kann der Geist nicht zu den Türen hinaus, sondern muss zum Fenster hinausfahren in die Luft.

Zur Bereitung des Lichtes nimm ausreichend Unschlitt (Talg) von einem schwarzen Ziegenböcklein dazu Drachenblut, Schwefel, Weihrauch und Mastix. Lasse alles zusammen in einem Schmelztiegel zur nächtlichen Mondstunde an einem Samstag miteinander zergehen, vermenge die Zutaten untereinander und gieße damit eine Kerze.

Soweit die Angaben von Dr. Faust. Natürlich kann auch hier der genaue Aufenthaltsort mit dem Hochfrequenzpendel (Spiralpendel) festgestellt werden. Als Rauchwerk für Austreibungen, egal ob Umsessenheit oder Besessenheit, eignet sich insbesondere die folgende Mischung:

3 Teile Fünffingerkraut, 1 Teil Drachenblut, 1 Teil Stinkassant, 3 Teile Rosmarin, 3 Teile Salbei, sowie ein paar Tropfen Wacholder- und Kampferöl zum anfeuchten;
Bei Exorzismen nach dem römisch-katholischen Ritus verwende man geweihten Kirchenweihrauch, welchen man, wie auch das Weihwasser, gegen eine kleine Spende in den Kirchen beim Mesmer bekommt.

Nach der Bannung ist es ratsam das gesamte Haus auszuräuchern und zu segnen, wobei Schutzzeichen, wie das in der Kirche verwendete PAX CREDORIS oder Runen wie das THORN (auch THURISAZ), wobei der Dorn nach außen zeigen muss, oder das EOLX (auch ALGIZ) sowie die Variante des Pentagramms als Schutzglyphe an allen Öffnungen des Gebäudes nach außen, wie Türen- und Fensterstöcke, mit roter Kreide angebracht werden.

Thorn **Eolx** **Pax Credoris**

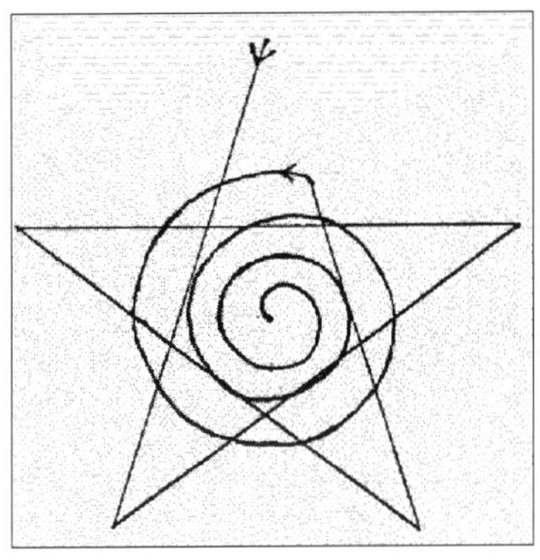

Schutzglyphe

Schutz in Zeiten der Trauer

Besonders während körperlich schwacher Abschnitte, z. B. nach einer Trennung oder in Zeiten der Trauer, sind wir besonders dispositioniert für Beeinflussungen. So zieht ein Schwermütiger wie ein Magnet Wesenheiten aus der Zwischenwelt an, die ebenfalls so empfinden (z. B. Verstorbene) oder aus dieser Energie bestehen (Schemen oder Phantome) und sich von ihr ernähren. Aus diesem Grund sind diese Wesen ihrerseits darum bemüht, den Betroffenen in seiner Gemütsverfassung zu halten.

In einer solchen Situation, ist zunächst der Körper rituell zu reinigen. Der erste Schritt ist gewöhnlich ein Reinigungsbad. Am besten geschieht dies abends bei abnehmendem Mond in einem natürlichen Gewässer, einem See, Fluss oder Bach. Wenn man darauf nicht zurückgreifen kann so nimmt ein Wannenbad in welches ausreichend Meersalz getan wird. Das Bad sollte vollkommen nackt genommen werden. Während man sich im Wasser aufhält sollte man visualisieren, wie durch die magnetische und auflösende Kraft des Wassers alle störenden Einflüsse aus dem Körper herausgezogen werden. Wenn man fühlt, dass sich das Befinden verändert hat, kann man das Wasser wieder verlassen und sich in frische, saubere Kleidung hüllen.

Sollte es nicht möglich sein, ein Bad im Freien zu nehmen, sollte im Badezimmer reinigender Weihrauch nach der weiter oben genannten

Rezeptur verbrannt werden. Auch folgende Badezusätze bieten sich neben dem Meersalz an und fördern die Reinigung der Aura:
Weißes Kräuterreinigungsbad mit zwei bis vier Litern Milch und einer Handvoll Anis (Pflanze oder Samen) und einige Tropfen Rosmarinöl. Die Baderückstände sind mit den Resten der Räucherung nach Beendigung des Bades umgehend aus dem Haus zu entfernen und in fließendes Wasser zu entsorgen, da sie die negativen Energien aufgenommen haben.

Vor dem Bad sollte eine ausgiebige Räucherung vorgenommen werden. Am besten wird das ganze Haus von unten nach oben gründlich ausgekehrt und ausgeräuchert, Keller und Dachgeschoss eingeschlossen. Dabei sollte man sich gegen den Uhrzeigersinn bewegen und den Rauch besonders gut in alle Zimmerecken verteilen.
Um sich vor erneuten Angriffen zu schützen, ist es auch von Vorteil, wie weiter oben beschrieben, Schutzsymbole an das Gebäude anzubringen und in der folgenden Zeit Seide oder schwarze Kleidung zu tragen, da feinstoffliche Energien diese Stoffe nicht durchdringen können. Aus diesem Grund gilt Schwarz in den meisten Kulturen als Trauerfarbe, denn der Trauernde ist damit in der Zeit seelischer Schwäche vor spirituellen Angriffen geschützt.

Zusätzlich empfiehlt sich die Ausführung der folgenden Übung, um die körpereigenen Energien anzuregen und die Gemütsverfassung zu verbessern:

Dazu stellt man sich hin und breitet die Arme zu den Seiten hin aus. Die Hände werden zu Fäusten geballt und die Daumen nach oben abgespreizt. Dann richtet man den Blick starr auf den rechten Daumennagel und dreht sich 33-mal um die eigene Achse nach rechts, im Uhrzeigersinn. Abschließend legt man die Hände wie zum Gebet vor der Brust zusammen und konzentriert sich auf einen festen Punkt. Man hält ihn im Blick, bis das Schwindelgefühl nachlässt. Diese Übung bewirkt ein Heranziehen abgespaltener Seelenteile, wodurch die eigene Kraft gestärkt wird. Optimal ist es, die Drehung 3-mal täglich auszuführen.

Vertreibung von Geistern Verstorbener

Der Geist eines Verstorbenen treibt gewöhnlich an einem begrenzten Ort sein Unwesen, zum Beispiel in einem Haus oder einem bestimmten Zimmer oder an dem Platz, an dem er zu Tode kam. Solche Geister irren durch eine Zwischenwelt, unfähig den Weg ins Jenseits zu finden. Viele von ihnen wissen gar nicht, oder wollen sich nicht damit abfinden, dass sie nicht mehr leben. Die meisten dieser Geister sind daher sehr unzufrieden und verwirrt. Durch ihre Anwesenheit übertragen sie ihre Stimmung auf die Lebenden, die sich in ihrem Umfeld aufhalten und führen damit eine Umsessenheit herbei. Das kann sich innerhalb der Familie in gesteigerter Angriffslust bemerkbar machen. Manchmal führen Geister auch körperliche Attacken aus und treten sichtbar als Schatten, Nebel oder geisterhafte Gestalt in Erscheinung. Ist man sicher, es mit dem Geist eines Verstorbenen zu tun zu haben, wird dieses Ritual Abhilfe schaffen:

Man beginnt mit der Austreibung entweder kurz nach oder vor der Vollmondnacht. Abends, wenn alles ruhig ist, setzt man sich in den Raum, der am stärksten von dem Spukgeschehen betroffen ist. Man zündet eine Kerze an und versetzt sich in einen leicht meditativen Zustand. Weiß man den Namen des Verstorbenen, kann man ihn unmittelbar ansprechen, ansonsten hält man die Ansprache neutral. Einleitend fordert man den Geist auf, seine Anwesenheit durch ein Zeichen anzuzeigen. Dabei kann es sich um ein Geräusch, einen Luftzug etc., handeln. Dann fährt man fort, mit dem Geist zu sprechen. Zunächst sollte man ihn darüber informieren, dass er nicht mehr unter den Lebenden weilt. Vielen Spukgeistern ist ihr Zustand nämlich nicht bewusst, besonders wenn sie plötzlich und unerwartet starben. Hat man ihm dies vermittelt, muss man ihn davon überzeugen, dass es für ihn äußerst wichtig ist, in das Licht hineinzugehen, da er sich nur auf diese Weise weiter entwickeln kann. Man sollte ihm klarmachen, dass er nur auf diese Weise sein Leiden beenden und ein neues Leben beginnen kann.

Mitunter kann es sein, dass der Geist noch eine Aufgabe zu erledigen hat. Hier kann mit dem Geist ein Geschäft gemacht werden, indem

man zusichert bei der Erledigung behilflich zu sein, wenn er dann, nachdem dies erledigt ist, geht.
Dazu sollte man sich erst einmal die Mühe machen das Anliegen des Geistes zu verstehen und seine Geschichte in Erfahrung bringen. In der Stadtverwaltung und den Archiven der ortsansässigen Presse kann diesbezüglich einiges in Erfahrung gebracht werden.
Um erfolgreich zu sein, kommt es jedoch in erster Linie auf die Überzeugungskraft an. Vor dem geistigen Auge lässt sich verfolgen, ob der Geist dem guten Rat Folge leistet. Verfügt man nicht über diese Fähigkeit, wird sich in den nächsten Tagen zeigen, ob sich die Atmosphäre verändert hat und die Angriffe aufhören.

Heimführung einer verirrten Seele

Verstorbenen Seelen fällt es oft schwer, ihren irdischen Wohnort zu verlassen, besonders wenn der Tod überraschend, beispielsweise durch einen Unfall, eingetreten ist. Die so Verstorbenen halten sich oft noch lange in einem Zwischenreich auf und sind alleine oft nicht in der Lage, einen Ausweg aus dieser misslichen Situation zu finden. Nicht selten irren solche Geister noch in der Nähe ihres Hauses oder am Ort des Geschehens umher und tauchen manchmal als Spukgestalten wieder auf, was ebenso wie das vorherige Beispiel zu einer Umsessenheit führt.

Das folgende Ritual dient einerseits dazu, sich selbst von dem Menschen zu lösen und ihn damit freizugeben, andererseits hilft es dem Toten, auf die andere Ebene zu gehen:
Hierzu verwendet man ein weißes Tuch, das aus dem Besitz des Verstorbenen stammen sollte, vorzugsweise eines, das er am Körper getragen oder auf dem er gelegen hat. Man reißt aus diesem ein Stück heraus, das groß genug ist für den Altaraufbau. Der Stoff stellt dabei die Verbindung zum Verstorbenen her. Dann nimmt man vier Steine, wenn möglich aus dem Haus oder Garten des Verstorbenen, und legt sie in die vier Ecken des Tuches. Auf den hinteren Teil des Altars streut man Blumen und in die Mitte kommt ein Kelch mit Geistwasser (Wasser mit einem Schuss reinen Alkohol), den man mit acht kleinen

Gläsern umgibt, die mit Wasser gefüllt werden. In die Mitte des Kelches wiederum legt man ein Symbol der Wiedergeburt – z. B. ein ägyptisches Ankh, das die Verbindung der Welt der Lebenden mit der der Toten darstellt.
Nun legt man ein Bild des Verstorbenen vor den Kelch und stellt eine weiße Kerze im Kerzenhalter darauf. Links von dem Kelch werden einige Speisen auf das Tuch gelegt, die der Verstorbene gerne aß, rechts davon kann man Gegenstände ausbreiten, die er vielleicht vermissen könnte.
Für die Dauer von neun Tagen muss man nun täglich eine neue weiße Kerze auf das Bild stellen und abbrennen lassen. Dabei spricht man jedes Mal ein kleines Gebet für den Verstorbenen und verabschiedet ihn. Während dieser Tage sollte man täglich zum Grab gehen, dort frische Blumen hinbringen, eine Kerze aufstellen und eine Mahlzeit einnehmen.

Abwehr von Flüchen

Das hier geschilderte Verfahren kann angewendet werden, wenn ein Fluch offen ausgesprochen wurde und somit der Absender eindeutig bekannt ist. Es handelt sich hier zwar um eine recht abenteuerliche aber auch wirkungsvolle Vorgehensweise:
Hierzu benötigt man die Sargnägel aus einem Grab. Um an die Nägel heranzukommen sucht sich der Adept ein älteres, abgelegenes Grab und stattet ihm nachts, mit einer Schaufel bewaffnet, einen Besuch ab. Zuerst bittet er den Todesdämon ABADDON und den Dämon A-MASARAC um sein Einverständnis und schlägt dabei 3-mal mit der Schaufel gegen den Grabstein. Als Opfergabe stellt er einen Teller mit Eiern, oder etwas Hühnerfleisch in die Nähe des Grabes. Dann kann er mit der Arbeit beginnen. Er muss dabei so tief graben, dass er einige Nägel aus dem Sarg herausziehen kann. Bei einem alten Grab ist das meist nicht allzu schwer, da das Holz schon vermodert ist. Mitunter ist es jedoch einfacher dazu die Auflassung eines Grabes, was beim örtlichen Friedhofswärter erfragt werden kann, abzuwarten. Da in solchen Fällen das Grab ausgebaggert wird und mit neuer Erde versehen

wird, kommt mit dem Aushub vielleicht auch das zutage was eben benötigt wird. Wichtig ist, dass er die Nägel beim Herausziehen wie folgt bespricht:
„Ihr Sargnägel, Vertraute der Würmer und Maden und anderer Geschöpfe der Dunkelheit, bei der Autorität dem Fürsten des Totenreiches ABADDON und des Dämons AMASARAC, führt meine zerstörenden Aufträge aus, wenn ich es euch befehle!"

Nachdem die Nägel gesichert wurden, bringt der Zauberer das Grab natürlich umgehend wieder in Ordnung und verwischt alle Spuren. Zu Hause bewahrt er die Nägel in einem dunklen Kästchen auf, bis sie zum Einsatz kommen. Nach der nächtlichen Aktion nimmt er zur Sicherheit ein Reinigungsbad und verbrennt bannendes Räucherwerk.
Zur Rückwerfung des Fluches muss sich der Zauberer eines Gegenstandes aus dem Besitz des Absenders bemächtigen. Dazu genügen auch ein paar Haare oder Stofffetzen von der Kleidung des Übeltäters. Dort hinein treibt er einen der Sargnägel und spricht:
„Bei der Macht ABADDON's (Name) soll selbst die Schrecken des Grabes erleiden, nie wieder soll (Name) das Licht der Sonne sehen. Hiermit kehrt der Fluch zu dir zurück. AMASARAC hole (Name) damit er die Welt verlässt. (Name) Die Hölle hat dich nun. So sei es!"

Sollte es sich als zu schwierig erweisen, an einen persönlichen Gegenstand zu gelangen, kann ersatzweise auch ein Abbild des Angreifers genommen werden, welches dann mit dem Sargnagel durchbohrt wird. Im Falle, dass der Fluch zwischenzeitlich vom Absender zurückgenommen wurde, kann der Zauber seinerseits zurückgenommen werden, indem der Nagel aus dem Gegenstand gezogen wird. Das Stück aus dem Besitz des Angreifers muss dann außerdem mit Salzwasser abgewaschen werden.

Handel bei dämonischer Besetzung

Gilt eine Fremdbesetzung als erwiesen, kann mit einem Exorzismus begonnen werden, wobei zunächst der Besessene auf eine Diät gesetzt werden sollte, die keine Eier und kein Fleisch enthält, da sich dämonische Wesen bevorzugt davon ernähren. Nach einigen Tagen gibt

man ihm zwei bis drei Gläser Salbeitee zu trinken und lässt einige der oben genannten Befreiungsgebete rezitieren oder Schutzmantras aufsagen. Gut bewährt hat sich für diesen Zweck das Mantra:
„Ong namo, guru dev namo."
Es ist ein Mantra aus dem Kundalini-Yoga. Die Worte sind lang gezogen zu singen und mit dem Atem zu verbinden: nach dem ersten Einatmen – *„Oooong namooo"* – nach dem zweiten – *„guruu dev namoooo"*.

Der hebräischen sowie auch der christlichen Tradition folgend, kann auch der folgende Psalm rezitiert werden, welcher von König David überliefert ist. Gemeint ist der zweite König Israels, welcher vor König Salomon um 1000 vor Christus herrschte und unter den israelitischen Königen eine ebenso herausragende Stellung einnimmt. Es ist eine Anrufung Gottes, welche zum Schutz vor den dunklen Mächten vollständig oder teilweise wiedergegeben wird und mit der bereits erörterten Bekreuzigung endet.
Psalm 23:

1. *„Der Herr ist mein Hirte, mir wird nichts mangeln."*
2. *„Er weidet mich auf einer grünen Aue und führt mich zum frischen Wasser."*
3. *„Er erquickt meine Seele und führt mich auf rechter Straße um seines Namens willen."*
4. *„Und ob ich schon wanderte im finsteren Tal, fürchte ich kein Unglück; denn Du bist bei mir, dein Stock und Stab geben mir Zuversicht."*
5. *„Du deckst mir den Tisch im Angesicht meiner Feinde. Du salbst mein Haupt mit Öl und füllst mir reichlich den Becher."*
6. *„Gutes und Barmherzigkeit werden mir folgen mein Leben lang, und ich werde bleiben im Hause des Herrn immerdar."*

Als Mantra eignen sich hier insbesondere der erste und der vierte Teil des Psalms, welche dazu fortlaufend hintereinander wiederholt werden:
„Der Herr ist mein Hirte, mir wird nichts mangeln. Und ob ich schon wanderte im finsteren Tal, fürchte ich kein Unglück, denn Du bist bei mir O Herr."

Um sich selbst zu schützen, sollte man ebenfalls einige Male ein Mantra singen.
Der Besessene wird sich wahrscheinlich gegen den Salbeitee wehren oder sich daraufhin übergeben. Auf jeden Fall ist sein Verhalten aufmerksam zu beobachten. Ist der Dämon bereit, sich durch den Mund des Besessenen mitzuteilen, kann man ihn befragen, was er verlangt, um den Körper zu verlassen. Dazu ist es vorteilhaft den Namen des Dämons in Erfahrung zu bringen um einen Vertrag mit diesem schließen zu können. Vergewissere Dich auch, dass nur der eine Geist in dem Körper des Betroffenen ist, denn andernfalls müsste der Handel mit allen geschlossen werden. Wenn die Forderung annehmbar ist, kann ein Pakt mit dem Wesen geschlossen werden. Oft erwartet der Dämon eine Opfergabe, die aus einigen Kilo Fleisch oder Wurst besteht. Zuweilen wird auch ein Tier verlangt, das er anstelle des Menschen besetzen kann. Verlangt der Dämon ein anderes Familienmitglied, darf man sich jedoch auf gar keinen Fall darauf einlassen!
Ist eine Einigung erreicht, werden Zeit und Ort bestimmt, an dem das Opfer dargebracht wird. Meistens wird die Gabe in den Wald gebracht oder vergraben. Die günstigsten Zeiten hierfür sind Vollmond, Neumond oder die sechste Nacht des zunehmenden Mondes. Dafür verpflichtet sich der Dämon, den menschlichen Wirt augenblicklich zu verlassen.
In der Regel lassen sich die Wesen auf einen Handel ein, da sie bei einer Austreibung unter Umständen völlig leer ausgehen können. Nach Beendigung der Sitzung ist es wichtig, bannendes Räucherwerk zu verbrennen und das ganze Haus zu reinigen. Der Betroffene sollte ein reinigendes Bad nehmen wie es oben beschrieben wurde.

Schlägt der Handel jedoch fehl oder kommt es zu keiner Einigung ist die Austreibung anzudrohen und bei weiterer Weigerung durchzuführen.

Zurückwerfung einer dämonischen Besetzung

Zeigt eine Person die typischen Merkmale einer Besessenheit und es stellt sich heraus, dass eine Verwünschung die Ursache dafür ist, kann der Exorzismus so ausgeführt werden, dass er auf den Verursacher zurückfällt.

Zunächst ist auch hier im Vorbereitungszeitraum jeglicher Verzehr von Fleisch und Eiern völlig einzustellen. Nach Einflößen des Salbeitees wird das Wesen aufgefordert, sich zu offenbaren. Dies kann entweder unmittelbar, durch den Mund des Besessenen oder durch Erscheinen im Traum geschehen. Auch hier ist es von Vorteil, den Namen des Dämons in Erfahrung zu bringen. Einige verraten sich auch durch bestimmte Zeichen, die sie in der Wohnung hinterlassen. Der Wohnraum ist daraufhin zu untersuchen. Zudem sollte man den Namen des Absenders erfragen. Sind diese Fragen geklärt, kann man auf zweierlei Weise vorgehen:

Im ersten Verfahren werden der Name und/oder das Siegelzeichen des Wesens neben dem Besessenen auf den Boden gezeichnet, das Siegel von Astaroth sowie das geheime Siegel Salomons. Auf das Zeichen des eingefahrenen Wesens, welches mit einem Kreis umgeben ist, legt man die Opfergabe, die aus frischem Fleisch oder Eiern bestehen kann. Für den Fall, dass das Siegel des Wesens nicht in Erfahrung gebracht werden kann, verwende das Siegel Astaroth's welches dann mit einem Kreis umgeben wird. Dann lässt man den Besessenen Salbeitee oder Knoblauch zu sich nehmen. Gleichzeitig wird reinigender Weihrauch verbrannt. Nun setzt man sich vor den Kreis und richtet den magischen Stab auf die Opfergabe und beschwört den Dämon mit eindringlichen Worten den Körper zu verlassen und stattdessen die Opfergaben anzunehmen. Ist der Dämon dort hineingefahren, ist dies durch ein Vibrieren des Stabes oder ein leichtes Beben des Bodens zu spüren. Wenn man sicher ist, dass das Wesen sich nun in der Opfergabe befindet, trägt man sie hinaus und vergräbt sie oder legt sie an einen Baum im Wald ab. Die Siegelzeichen sind ebenfalls zu zerstören und alle Wesenheiten, die beteiligt waren oder zu Hilfe gerufen wurden, zu verabschieden. Anschließend sollte das Gebäude wieder, wie schon erörtert, ausgeräuchert und mit Schutzglyphen versehen und alle Beteiligten rituell gereinigt (durch Bad wie beschrieben) werden.

Sigill des Astarotht

Sigill von Salomon

Bei der zweiten Vorgehensweise besteht der Unterschied darin, dass man das Wesen zur Zusammenarbeit bewegt. Dabei wird es zuerst nach dem Grund für seinen Auftrag befragt. Liegt keine schwere Schuld des Besessenen vor, sondern handelt es sich lediglich um reine Boshaftigkeit, hat man gute Chancen, das Wesen zur Mitarbeit zu bewegen. Zunächst muss man dem Wesen klarmachen, dass es keinen triftigen Grund für seine Anwesenheit gibt. Dann bietet man ihm einen Handel an. Man verspricht dem Dämon, außerhalb des Hauses an einem bestimmten Ort und Tag eine Opfergabe darzubringen (an so ein Versprechen muss man sich unbedingt halten, auf die sonstigen Konsequenzen muss hier sicherlich nicht mehr hingewiesen werden). Dann stellt man vor dem Besessenen einen Spiegel auf. Mit dem magischen Stab zeigt man auf das Spiegeltor und beschwört den Dämon mit diesen oder ähnlichen Worten:

„ASTAROTH, ADOR, CAMESO, VALUERITUF, MARESO, LODIR, CADOMIR, ALUIEL, CALNISO, TELY, PLORIM, VIORDY, CUREVIORBAS, CAMERON, VESTURIEL, VULNAVIJ, BENEZ MEUS CALMIRON, NOARD, NISA CHENIBRANBO CALEVODIUM, BRAZO TABRASOL. ASTAROTH bei deinem Herrscher, welcher durch das salomonische Zeichen bezwungen wurde, rufe ich dich und bitte dich mich bei dieser Operation zu unterstützen.

Und so beschwöre ich dich (Name des Wesens) bei den Mächten von Astaroth und der Autorität des Zeichens von Salomo, welches über alle

Geister herrscht, den Körper von ... (Name) zu verlassen und dir anstatt dessen den Körper von dem habhaft zu machen, welcher dich hierher gesandt hat. Bestrafe diesen mit Schmerzen. ... (Name des Dämons) besetze ihn und lasse ihn keine Ruhe mehr finden. Bei den dunklen Mächten, verlasse nun diesen Körper und diesen Ort durch diesen Spiegel, welcher durch die Macht ASTAROTH's ein Durchgang zu dem ist, welcher dich hierher geschickt hat. Verweile deshalb nicht in diesem Spiegel, sondern durchquere dieses Portal welches sich hinter dir schließen wird, um deinen neuen Auftrag auszuführen."

Der Eintritt des Dämons in das Spiegeltor ist durch Beben im magischen Stab zu spüren und möglicherweise als Schatten im Spiegel wahrzunehmen. Nach Beendigung des Rituals ist von allen Beteiligten ein reinigendes Bad zu nehmen. Das Gebäude ist gründlich auszuräuchern und mit Schutzglyphen zu versehen.

Befreiung von einem Elementarwesen

Fremdbesetzungen dieser Art sind oft viel schwieriger zu erkennen als eine dämonische Besessenheit. Meistens macht sie sich nur durch eine ständige Schwächung des Opfers bemerkbar, die schließlich zu ernsthaften Erkrankungen führen kann. Oft kann das Wesen nur von hellsichtigen Menschen wahrgenommen und erkannt werden. Handelt es sich dabei um einen Kobold, ist wie folgt vorzugehen:
Zur Durchführung des Rituals eignet sich eine Vollmondnacht. In den frühen Morgenstunden vor Sonnenaufgang bringt man den Betroffenen an einen Bach oder Tümpel, der genügend Schlamm enthält. Dort muss die Person ein Bad nehmen. Man selbst begibt sich an einen Platz, der einige Meter entfernt ist. Dort opfert man dem Erdgeist einen Apfel und zieht um sich herum einen magischen Kreis. Die Opfergaben für den Kobold, bestehend aus glitzerndem Modeschmuck und Kristallen, legt man in eine Schale außerhalb des Kreises. Mit einer kurzen Anrufung der elementaren Herrscher bittet man diese um Unterstützung. Dann setzt man sich nieder und wartet ab.
Hat sich der Betroffene völlig mit Schlamm bedeckt, ist er für den Kobold nicht mehr als Mensch erkennbar, da es sich bei einem Kobold um ein Erdwesen handelt. Genau in diesem Moment kann man das

Wesen herbeirufen und mit dem magischen Stab auf die Gaben verweisen. Zumeist stürzt sich der Kobold regelrecht auf das unerwartete Geschenk. Damit hat er dem Pakt zugestimmt, seinen Wirt zu verlassen. Dieser Vorgang wird oft von ungewöhnlichen Geräuschen und Schwingungen begleitet. Der ehemals Besessene kann das Schlammbad nun verlassen. Man verabschiedet alle Beteiligten und löst den Kreis auf. Bei Sonnenaufgang wird der Ritualplatz verlassen. Unterwegs sollte ein Mantra rezitiert oder von anderen Dingen gesprochen werden.

Rückwerfung eines Fluches im Voodoo

Wenn man sicher ist, dass eine Krankheit oder Schwäche die Folge eines magischen Angriffs ist, durchsucht man zunächst die Wohnung nach fremden magischen Gegenständen oder Zetteln mit Siegelzeichen oder unleserlicher Schrift. Insbesondere unter dem Bett und in Mantel- und Jackentaschen ist nachzusehen. Übrigens kann die Übertragung auch durch eine Nadel erfolgt sein. Außerdem ist unter der Fußmatte nachzusehen, und zu überprüfen, ob jemand im Garten etwas vergraben haben könnte. Hat man einen verdächtigen Gegenstand gefunden, muss dieser sofort durch eine Salzwaschung entladen und aus dem Haus gebracht werden. Auch wenn nichts dergleichen zu finden war und man den Angreifer nicht kennt, ist der Rückwerfungszauber wirksam. Er wird ausschließlich an einem Freitag ausgeführt:
Zunächst bereitet man Räucherwerk aus Mistel, Johanniskraut und Wegerich zu, dem man einige Tropfen Olivenöl beimengt. Dann nimmt man eine weiße Kerze zur Hand und ritzt die Sigille (in der Voodootradition Veve genannt) von den Göttern (im Voodoo Loas genannt) LEGBA, LOCO und DAMBALLAH hinein. Das Räucherwerk wird entzündet und die weiße Kerze in den Rauch gehalten, wobei dieser Spruch rezitiert wird:
„LOCO, jemand hat mir eine Krankheit geschickt und mich verflucht. Nimm diese Krankheit von mir. DAMBALLAH, jemand hat mir Einsamkeit geschickt. Befreie mich von der Einsamkeit.

LEGBA, jemand hat mir einen Fluch geschickt und mich meiner Kraft beraubt. Gib mir neue Kraft und Stärke. Oh, mächtige Loas, mit reichen Gaben werde ich euch belohnen.
Schickt den Fluch zu dem zurück, der mich quält!"

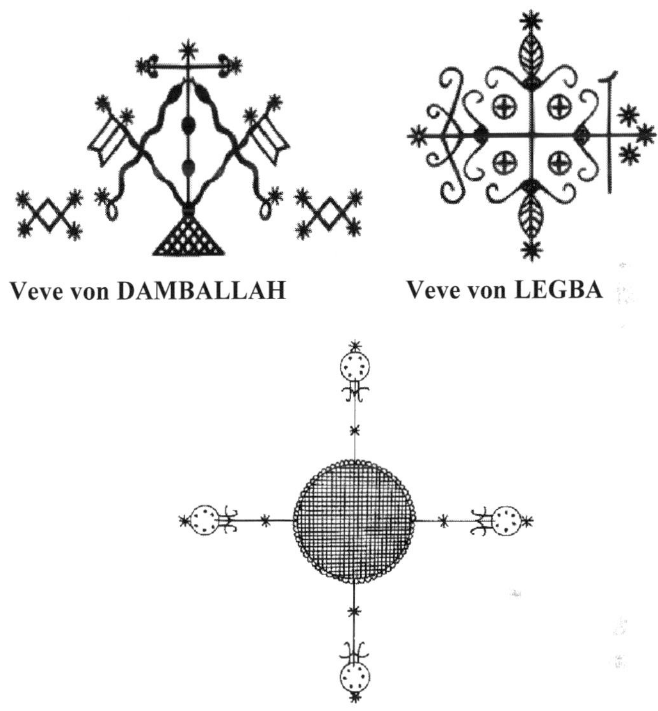

Veve von DAMBALLAH **Veve von LEGBA**

Veve von LOCO

Der Rauch öffnet die Schwelle zum Reich der Loas, und durch ihn gehen die Kräfte der Götter auf die Kerze über. Die übrig gebliebene Asche der Räucherung gibt man in einen verschließbaren Behälter mit 5 Litern Essig und einer großen frischen Knoblauchknolle. Zugedeckt muss diese Mixtur eine Woche lang ziehen. An dem folgenden Freitag nimmt man ein heißes Bad und verwendet zwei Drittel der Mischung als Badezusatz. Den Rest gießt man sich über den Kopf. Anschließend

wird die Kerze angezündet. Um die Wirkung der zauberkräftigen Mischung zu erhalten, darf nur das Badewasser zum Ausspülen der Haare verwendet werden. Hat man die Waschung durchgeführt, lässt man die Kerze ca. ein Drittel abbrennen. Dann löscht man die Flamme und wickelt die Kerze in Silberfolie oder in Seide ein und verwahrt sie an einem sicheren Ort.
Diese rituelle Waschung wird auf dieselbe Weise noch zweimal an den folgenden zwei Freitagen wiederholt. Der Stummel der abgebrannten Kerze ist in ein fließendes Gewässer zu werfen. Am Freitag der nächsten Woche ist den beteiligten Loas ein Opfer aus Hühnerfleisch, Eiern und Früchten zu bringen.

Dieses Reinigungsritual eignet sich auch für andere Traditionen. Diesbezüglich sind dann eben die Götter und Sigillen des entsprechenden Panteons zu verwenden.

DER GROSSE EXORZISMUS

Consekration[2], Gebete, Anrufungen, Zitationen und Beschwörungen der Geister, auch was er sei und sein möge, wie selbige angerufen, gesegnet und im Gegenteil aufgelöst werden sollen. Von dem römischen Stuhl herausgegeben, um den Schaden an Leib und Seele zu verhüten.

Nach dem Codex luris canonici darf bis heute die Conclavis nur an ausgewählte Priester überreicht werden, welche durch den Weihbischof zum Exorzisten ernannt wurden. Es ist einem „Zufall" zu verdanken, dass wir an Unterlagen eines Jesuiten kamen in welchen sich auch diese magische Geheimschrift des katholischen Klerus befand. Bei der Durchführung des großen Exorzismus werden die Vorgehensweisen des Ritual Romanum und der Conclavis Romanis miteinander kombiniert. Die Durchführung sollte jedoch erst vorgenommen werden, wenn der kleine Exorzismus nicht die gewünschte Wirkung erzielt. Auch ist darauf zu achten, dass die bereits erwähnte Diät zuvor mindestens eine Woche eingehalten wurde. Vor der Durchführung ist es ratsam, den Betroffenen in einem Bett anzubinden um Verletzungen, sowohl des Exorzisten wie auch des Betroffenen selbst, vorzubeugen. Weiter ist darauf zu achten, dass genügend Rauchwerk vorhanden ist und die Räucherung während der gesamten Vorgehensweise aufrechterhalten wird. Das Räuchergefäß ist dabei so zu platzieren, dass hiervon keine Gefahr ausgehen kann!

---

2 Konsekration (von lateinisch consecrare ‚weihen, heiligen') ist in der römischen Antike wie im Christentum die Übertragung einer Person oder Sache in den sakralen Bereich. Meist ist im Christentum mit dem Begriff Konsekration eine liturgische Handlung gemeint, die in der römisch-katholischen Kirche, bei den orthodoxen Kirchen, bei den Anglikanern, den evangelisch-lutherischen Kirchen und in der Christengemeinschaft praktiziert wird. Die Staatsreligion im antiken Rom kannte den Vorgang der Konsekration insbesondere, wenn es um die Apotheose der römischen Kaiser ging (siehe Divus). Die ersten Christen der Urkirche benutzten dieses Wort deshalb im liturgischen Zusammenhang zunächst zurückhaltend. Am häufigsten wird der Begriff Konsekration im Zusammenhang mit den Gaben von Brot und Wein bei der heiligen Messe, göttlichen Liturgie oder Abendmahlsfeier verwendet. Quelle: Seite „Konsekration". In: Wikipedia, Die freie Enzyklopädie. Bearbeitungsstand: 17. Juli 2017, 07:53 UTC. URL: https://de.wikipedia.org/w/index.php?title=Konsekration&oldid=167330520 (Abgerufen: 3. August 2017, 11:18 UTC)

Praefatio

Also hat geordnet und erlaubet der römische Stuhl nebst dem Band der Verbindung einen Segen und Benediction über alle geheimen Sachen, Bücher, Gebete, Beschwörungen, und Berufungen der Geister, wie man sie solle segnen und consekriren, worin das Gebet, Beschwörung und Berufung, geschrieben stehen, die Du vermeinest zu gebrauchen, dass sie Kraft, Macht und Wirkung haben, und zwar nur auf 9 Tage und Nächte und nicht länger. Willst Du also das Gebet, Beschwörung oder Anrufung länger brauchen, so musst Du es von neuem wiederum segnen, konsekrieren und weihen.

Überdenke dieses jedoch wohl damit Du nicht fehlst und merke und mache alles fleißig, wenn Du mit der Kraft Gottes wirken willst, damit die Geister gehorsam sind. In Summa seien die Geister cujuscunque conditionis et generis (sie sind bezwungen durch die Kraft dieses Segens und Consekration), die in allem zu gehorsamen ohne Schaden des Leibes und der Seele. Sie sind bezwungen zu erscheinen und dein Begehren zu erfüllen, und im Gegenteil zu weichen von dem Ort, wo Du es verlangst. Nun merke wohl, wenn Du diese Operation, Gebet und Consekration sprichst, so gib wohl Acht, dass Du nicht fehlst. Sie muss mit zwei geweihten Wachskerzen, einem Kruzifix in der Mitte, mit Andacht und festem Glauben gesprochen werden.

Bulla Pontificis

Über eine Beschwörung oder Gebet und Anrufung, es möge auch sein, was es immer wolle, dass alle Geister den Menschen sich unterwerfen müssen und sollen gehorsam und untertänig sein, werden nicht wirksam sein, wie kräftig sie auch sein mögen, wenn diese Consekration und Auflösung nicht darüber gelesen und gesprochen werde. Sie werden nichts ausrichten, da seine päpstliche Heiligkeit Pius VI. alle Bindungen aus Berufung, Zitation oder Gebet in Bann gelegt hat. Ohne diese hochheilige notwendige Consekration und Segensprechung kann nichts von Statten gehen, auch wenn alle Geister vor dir stünden, so wirst du nicht fertig mit ihnen. Also wünschen wir dir den Frieden und die Gnade unseres Herrn Jesu Christi und geben und verleihen wir dir unsere Gewalt, durch die Kraft Gottes des Vaters, durch die Macht Gott des Sohnes und durch die Heiligkeit Gott des Heiligen Geistes und durch die Vorbitte der allerreinsten Jungfrau Maria und aller Heiligen Gottes kommen dir zu Hilfe in deinem Verlangen und bleiben bei dir im Namen des Herrn, der da kommen wird, zu richten die Lebendigen und die Toten und die Welt durch das Feuer. Amen.

Initium Operis seu Conclavis Romanis

Auflösung des päpstlichen Bannes welcher auf alle Geisterkunst und dunklen Künsten gelegt wurde, um den Schaden an Leib und Seele vieler ungelehrter und vorwitziger Menschen, die mit Unverstand zu geheimen Werken gekommen sind, zu verhüten.
Spreche dazu vor einem Kreutz und zwei geweihten Kerzen dreimal in Demut folgende Consekration (✠ = Bekreuzigung oder Segnung durch Kreuzzeichen und Weihwasser):

„In dem allerheiligsten Namen unseres Herrn Jesu Christi. O du ohne Anfang und ohne Ende unüberwindlicher Herr und siegreicher Gott Adonay, Sabaoth, du erschreckliche Majestät und Allmacht, Eloa, Hacaba, Vedaoth, stehe auf in dem Firmament des Himmels auf den allerheiligsten Thron deines Reichs mit dem Szepter deiner Gottheit und hilf mir zu den Dingen, denn deine Allmacht hat berührt und festgestellt den ganzen Umkreis des Himmels, die Runde der Erde, die

Tiefe des Meeres, dessen Geschöpfe sämtlich ob den Strahlen deiner Augen und ob der Furcht deines allerheiligsten Namens erzittern, und ihre Knie beugen im Himmel und auf Erden in den Finsternissen und Abgrund ihren schuldigen Gehorsam dir, dem Allerhöchsten zu erweisen. Herr Gott, mächtiger himmlischer Vater Aba, Elhay, Adonay, Jach, du Erbarmer der Armen, der du alle Dinge, die da sind, mit einem Worte gemacht und den Menschen mit deiner Weisheit begabt hast, die da eine Behüterin ist deines allerheiligsten Thrones. Verwerfe mich nicht vor deinen Kindern, sondern verleihe und gib mir himmlische Weisheit von dem hohen Himmel herab und von dem Thron deiner hohen Heiligkeit, dass sie bei mir mit der Arbeit sei, damit ich verstehe und wisse, was dir angenehm ist und gefällig sein möge. Wer wollte sonst deinen Verstand und Meinung wissen, wo du nicht Weisheit gibst und deinen heiligen Geist von der Höhe der Abrae herabschickest. Gebenedeit sei also, der da kommt über Abeor herunter in dem Namen des Herrn. Hosanna in der Höhe!

Herr Gott himmlischer Vater! Aba, Elboy, EIoy, Adonay, Jach! komm mir zu Hilfe und tröste mich in diesem Werk, durch deine Glorie und Ehre, durch deinen und deines Sohnes heiligsten Namen und Willen, in der Kraft des heiligsten Geistes und stehe mir bei mit deiner so freundlichen Barmherzigkeit und gnädigen Weisheit, Erfüller und Kraft des Himmels, der Erde und des ganzen Umkreises. Du allerhöchstes, einziges Gut, der du alle Dinge regierest, erhaltest und weißt, erbarme dich meiner und sei mir gnädig in meinem Verlangen und Bitten.

O Herr, allmächtiger, lebendiger und ewiger Gott! Eloym, Eloy, El. Dein Name allein ist heilig und gebenedeit. Herr Gott Adonay, Sabaoth! Dreieinig in den Personen, dir allein gebührt das Lob und die Ehre, und du allein bist der starke, mächtige und ohne Ende gewaltige, erschreckliche und barmherzige Gott Adonay, Sabaoth und niemand ist deines Gleichen. Ich bitte dich mit Vertrauen durch alle deine heiligste Gnade, Liebe und Treue, die ich glaube und weiß, die du gezeigt und getan hast gegen alle Welt, ja all denen, die dich aus Liebe und Treue gebeten haben; also gib auch mir aus deiner Gnade, Liebe und Treue über dieses Buch diejenige Tugend, Kraft und Wirkung die es haben soll und durch dich und deine göttliche Gnade, Liebe und Treue vollkommen haben möge. Ich bitte dich durch deinen und deines liebsten Sohnes heiligsten Namen und Willen in der Tugend des heiligen Geistes; unterstütze dieses Werk in deinem und deines liebsten Sohnes Namen Jesu, in deiner und deines liebsten Sohnes Geist, Verstand, Kraft und Wirkung in deines göttlichen heiligen Geistes Willen, Rat und Willen, in lieblicher und wohlriechender Würdigkeit und es sei bestätigt dieses Werk also kräftig, heilig und vollkommen, im Namen Gottes des Vaters ✞ und des Sohnes ✞ und des heiligen Geistes ✞ Amen.

O ewiger Gott und Herr! Glorreicher, heiliger, unüberwindlicher und siegreicher Adonay, Sabaoth! Erbarme dich meiner, eines Sünders, und mache gesund meine Seele, denn sie hat gesündigt und bereut es von Herzen. O Herr, mein Gott, wie du weißt und wie sie sind, so erbarme dich meiner Übertretung und erhöre das Gebet deines treuen Dieners, deines armen Knechts, in welcher Stunde ich dich bitten und anrufen werde. O Herr, mein Gott! Erhöre mich, gleich wie du erhöret hast deine allerliebste Tochter, Mutter und Braut Maria, nehme auf das Gebet deines demütigen Knechts, der auf dich hofft und vertraut und erhöre die Stimme dessen, der dich bittet durch die Verdienste der allerheiligsten Jungfrau, deiner allerliebsten Mutter Maria, auf das mein Gebet komme für deine Augen und Ohren, und diese Consekrirung, die in dieser Stunde gesprochen wird. Bestehe und sei bestätigt durch deine und deines liebsten Sohnes heiligste Namen, in der Kraft und Tugend des heiligen Geistes, und sei also gesegnet, zu was ich will, das mache du heilig und durch diese Worte bestätigt sein und vollkommen, und dass es also bestätigt sei und werde, durch Jesum Christum ✞ deinen lieben Sohn, unsern Herrn, der mit dir lebet und herrscht von Ewigkeit zu Ewigkeit. Amen."

Nun bete das Consiteor Misereator Indulgentis:
„O Herr Jesu Christi du Sohn des lebendigen Gottes! Durch deine unaussprechliche Güte verschone und erbarme dich meiner und erhöre mich durch die Anrufung Gottes des Vaters ✞ des Sohnes ✞ und des heiligen Geistes ✞ und durch alle deine heiligen Namen, die in dieser Schrift stehen und durch die Worte, die von dir gesagt und ausgesprochen werden in hebräischer, griechischer, lateinischer, deutscher und anderen Sprachen, dadurch sei also diese Schrift gesegnet ✞ geheiligt ✞ kräftig ✞ gemacht und bestätigt, zu was ich es gebrauche, durch die Hilfe und göttliche Gnade, auf dass du von mir annehmest meine Worte und lassest dir gefallen das Gebet meines Mundes, und durch alle deine heiligsten Namen, die in dieser Schrift stehen, bitte ich dich abermals demütig und dreifaltig, dass du segnest ✞ heiligst ✞ kräftig machest ✞ und bestätigst ✞ diese Schrift mit dem Namen und der Gewalt Jesu Christi, und durch das Alpha und Omega, und durch El, Ely, Eloym, Agios, Atheos, Ischyros, Athanatos, Tetragrammaton, Jehova, Elohim, Gibor, Homousion, Sother, Messias, Emanuel, Sabaoth, Adonay, Saday und durch alle deine heiligen und himmlischen Namen, die sich nicht geziemen zu nennen und nach Heiligkeit auszusprechen und durch alle hochheiligen Namen, die in dieser Schrift stehen. Auch durch die Tugend, Heiligkeit und Hilfe deines heiligen Namens, und deiner göttlichen Gewalt und Kraft sei diese Schrift gesegnet ✞ geheiligt ✞ gebenedeit ✞ und durch die Kraft des hochheiligen Sakraments, des wahren Leibs und Bluts Jesu Christi, auf das es die Kraft und Macht behalte, kräftig und gut zu sein, ohne allen Schaden und Betrug, sondern wahrhaftig, zu den Namen der Geister kräftig, mächtig, heilig und unüberwindlich, dass es Kraft und Macht haben soll zu allen Dingen, dazu es bestimmt wird und gemacht worden ist. Und dem Herrn Adonay, Sabaoth, der da gegenwärtig sei und ist, dem sei Lob, Ehre und Preis von Ewigkeit zu Ewigkeit. Amen.“

Nachdem die Schrift mit welcher gearbeitet wird, gesegnet wurde, muss sich nun der Exorzist selbst segnen, um zu einem Repräsentanten Gottes zu werden. Dabei schlägt er, während er die folgenden Sätze rezitiert, stehend mit geschlossenen Beinen mit Blickrichtung nach Osten, mit der rechten Hand das Kreuzzeichen über sich.

(**V** = vertikal, vom Scheitel bis zur Brust;
H = Horizontal, von linker Schulter zur rechten Schulter). Die linke Hand ruht auf dem Herz.

V. *„O Gott verleihe mir deine Macht und Stärke!“*
H. *„Herr, eile mir zu helfen!“*
V. *„Deine Barmherzigkeit komme über mich.“*
H. *„Und deine heilige Gnade verlasse mich nicht.“*
V. *„Sei du mein Schutz und starker Turm.“*
H. *„Vor dem Angesicht meiner Feinde.“*
V. *„Erhöre mich in deiner Gerechtigkeit.“*
H. *„Und höre mich nach der Menge deiner Erbarmnisse.“*
V. *„Und mein Gebet gehe eilends in dein Angesicht.“*
H. *„Und mein Rufen komme zu dir.“*
V. *„Neige deine Ohren zu meiner Bitte.“*
H. *„Und ich und mein Verlangen kommen zu dir.“*
V. *„Gib mir deine Gewalt und Herrschaft.“*
H. *„Und ich und mein Verlangen kommen zu dir.“*
V. *„Tue große Zeichen an mir zum Besten.“*
H. *„Dass es sehen, die mich hassen und sich schämen, dass du mir geholfen und mich getröstet hast.“*

Erstes Gebet

„O Herr, allmächtiger, ewiger Gott und unüberwindlicher und siegreicher Adonay, Sabaoth sei mit mir, o du unaussprechlicher Gott Tetragrammaton. Jehova; o du unsterblicher allerhöchster Gott, Esserhaye, Jach, El, Saday, Oriston; du heiligster Gott der ganzen Welt, Araritha, Athanaton mit deiner Mannigfaltigkeit und Barmherzigkeit und unendlichen Güte komme mir zu Hilfe. Ich unwürdiger, armer Sünder komme zu dir einfältig von aller Bosheit, und begehre von deiner göttlichen Gewalt und Herrschaft, deiner göttlichen Gnade und Barmherzigkeit und deinen heiligen Segen? Zu diesem meinem großen Vorhaben und bitte dich demütigst, dass du nicht ansiehst die Bosheit meiner Sünden, sondern wie du gewohnt bist, ein Erbarmer zu sein derer, die dich in der Armut anbeten. Also erhöre mich, deinen unwürdigsten Diener, der da zu dir ruft, durch und für die Erfahrung und Erkenntnis deiner allerheiligsten Namen, und sende auf diese Schrift deine ewige, gnadenreiche Wahrheit, damit es die Kraft und Macht behalten soll, absonderlich zu der Gewalt der Luft und der Hölle, dass es gesegnet ☩ sei durch dieses Gebet und wunderbare Consekration und die Kraft dessen und jenem, ob sie gleich wollen oder nicht, dennoch müssen oder sollen dem Menschen billig und willig gehorsam sein ☩ zu was es der Mensch begehrt, oder wo mehrere sind, dass sie alle zusammen kommen, wenn ich will, dass sie alle unwidersprochen kommen müssen durch deinen heiligen Namen, der da geschrieben steht mit vier Buchstaben: Jota, Thau, Beth, Hona, Abim, Gesa, Vau, Zata, Ihon, Reth, Hona, Abim, Agla, Iria und durch die Namen, vor welchen das Meer und die Luft sich verwandeln und alle himmlischen Firmamente zittern, das Feuer erlischt und die höllischen Unterirdischen fallen und betrübt werden, durch die hochheiligen Namen Alpha und Omega, El, Ely, Eloy, Eloym, Elyon, Sabaoth, Emanuel, Adonay, Tetragrammaton, Messias, der Herr Jesus Christus, der hilft den Seinigen, der segne ☩ , heilige ☩ , consekriere ☩ , besänftige und mache kräftig ☩ dieses Buch durch die Kraft seiner heiligsten Wunden, durch die Kraft seines heiligsten Todes, durch die Kraft seines heiligen Kreuzes, durch alle Kraft, Macht und Gewalt seiner edlen Gottheit und

Menschheit, mit welcher er über uns lebet und herrscht von Ewigkeit zu Ewigkeit. Amen.“

Zweites Gebet

„O allerhöchster, glorreichster, heiligster Gott aller Götter des Himmels und der Erde, Zebaoth, Elion, Adonay, Jach, Erschaffer, Regent und Erhalter aller Dinge und Kreaturen, der du geschaffen hast die Himmel über den Wolken und den Erdenkreis beschlossen hast in seiner Beständigkeit und Dauer. Du hast alle Dinge gemacht in deiner Weisheit, und hast am sechsten Tage den Menschen nach deinem Ebenbild gemacht und demselben deinen Geist eingeblasen. Der du Adam und Eva wegen der Sünde und Übertretung deines Gebotes aus dem Paradies gestoßen hast. Der du das menschliche Geschlecht mit der Sündenflut, ausgenommen die in der Arche waren, verdorben hast. Der du dem Abraham auf dem Berge Thabor in der Dreifaltigkeit erschienen bist. Der du den Moses über das rote Meer geführt hast und auch das Volk aus dem ägyptischen Gefängnis errettet hast. Auch hast du von dem Felsen Wasser fließen lassen. Auch hast du den Daniel aus der Löwengrube und die drei Knaben Sidrach, Missach und Abednego aus dem brennenden Feuerofen errettet und ihnen Macht gegeben, dass sie unverletzt durch denselbigen hervorgegangen und herausgekommen sind. Der du die keusche Susanna, die auf dich gehofft hat, von der falschen Anklage errettet und den Jonas aus dem Bauch des Walfisches nach drei Tagen und Nächten lebendig erlöset hast. Also auch, o gütigster Gott, Jesu Christi, erhöre gnädiglich das Gebet deines Dieners und gib mir als diesem die Kraft und die Macht durch die in diesem Schrifttum enthaltenen Beschwörungen und Zitationen, und mache diese durch deine Kraft, Macht und Tugend mächtig. Verleihe mir die Gewalt, zu beschwören und zu segnen, sowie den bösen und anderen Geistern zu befehlen, sie zusammen zu sammeln und sie zu senken in die Tiefe der Hölle und des Abgrundes, wenn sie die Gebote des Beschwörenden nicht einhalten wollen und demselben ungehorsam sind um somit mit deiner Macht alle Hindernisse und Anfeindungen kräftig zu überwinden. Ich danke dir unser lieber Herr Jesus

Christus, der da heilig, heilig und gebenedeit ist und von allen Herrschern der gewaltigste ist welcher von Welt zu Welt bis in alle Ewigkeit regiert. Amen.“

Drittes Gebet

*„O du von Ewigkeit her allmächtiger, großer Gott Elohim, Tetragrammaton, Jehova, der du im Anfang alle Dinge, die da sind aus dem Nichts erschaffen hast, vor welchem alle himmlischen, irdischen und höllischen Kräfte sich beugen müssen und welchen die Engel und Erzengel, die Thronen, Herrschaften und Kräfte, Fürstentümer, die Cherubim und Seraphim ohne Unterlass loben und beständig singen:
Cados, Cados, Cados, Adonay, Elohim, Himmel und Erden, das Meer und alle Gewässer seien erfüllet mit der Glorie deiner Majestät und mit deinen geistigen und leiblichen Gaben. Alle Gewalten und Herrschaften des Himmels und der Erde erzittern vor deiner Majestät und Allmacht, durch welche alle Dinge erschaffen worden sind. Der du Adam und Eva nach deinem Ebenbilde gemacht hast und die ungläubigen und rebellischen Geister wegen ihrem Hochmut und Ungehorsam vom Himmel in die Tiefe des Abgrundes der Höhen geworfen hast. Ich bitte dich und begehre von dir, o allerheiligster, gütigster, himmlischer, ewiger Gott und Vater Aba, Eloym, Adonay, Jach, durch Jesum Christum, deinen einzigen Sohn, in dessen Gewalt durch dich alle Dinge sind, der da sitzet zur Rechten deiner Allmacht.*

*Ich bitte dich durch die Kraft und Macht deines und seines heiligen Namen, Jesus, Sother, Jehovah, Melech, Emanuel, Agios, Tetragrammaton, Christus, Sother, Messias, Otheos, Ischyros, Athanatos, Imas, Eleyson, Ely, Ely, Ely, Elo, Eloym, Eloha, Zebaoth, Elion, Salvator, Misereator, Redemptor, Mundi, Eju, Alpha und Omega, durch diese hochheiligen, mächtigen Namen rufe ich dich an und bitte dich demütig, allergnädigster Vater, durch die Empfängnis und Geburt Jesu Christi, durch die allerreinste Mutter Maria, die das heiligste Kind unter ihrem jungfräulichen Herzen trug.
Höchster Gott, ich bitte dich durch die Taufe und durch dein Gebet, durch das Leben, Leiden, Wunden, Kreuz und Tod, durch die Auferstehung Jesu Christi; auch durch den heiligen Geist, den Tröster, und*

durch alle seine Tugenden, Kraft, Macht und Gewalt und Wirkung, auch durch Maria der jungfräulichen Mutter und die heiligen fünf Wunden deines eingeborenen Sohnes Jesu, durch die Kraft seines heiligsten Blutes und des Wassers, welches aus seiner heiligen Seitenwunde geflossen ist, welches aus Barmherzigkeit vergossen wurde um uns vor dem Bösen zu erretten. Ich bitte dich allergütigster Gott, durch das heilige Sakrament des Altars deines wahren Leibes und Blutes, welches du gegeben hast deinen Jüngern vor deinem bitteren Leiden, auch bitte ich demütigst durch die allerheiligste, unzerteilte Dreifaltigkeit, durch die heilige Mutter Gottes Maria, durch die heiligen Engel und Erzengel, durch die Patriarchen und Propheten, durch alle Heilige Gottes und gerechte Seelen. Ich bitte dich, o Gott, bei der Kraft deines allerheiligsten Sohnes Jesus, erbarme dich meiner. O Herr Jesus Christus, Salvator mundi ich bitte dich durch alle Wohltaten, Freuden und Schmerzen, welche geschehen sind deiner allerliebsten Mutter Maria; das bitte ich dich durch die ganze Erlösung und Seligmachung des ganzen menschlichen Geschlechts, das bitte ich dich durch die Kraft deines allerheiligsten Namen Jesu, Sabaoth, Emanuel, und durch deinen allerheiligsten himmlischen Vater und durch den heiligen Geist; durch alles dieses bitte und rufe ich dich an, dass du gnädiglich annimmst dieses Gebet, Consekration und die Worte meines demütigst bittenden Mundes, die ich schon gebetet und gesprochen habe, und die ich jetzt noch bete und spreche damit du mir gnädig bist und mir die Kraft und die Gewalt über alle Geister und böse Engel verleihst, die vom Himmel gestürzt wurden und das menschliche Geschlecht zu bedrängen, dieselben von ihren Plätzen und Ämtern entziehen zu können, zu binden, und zu bezwingen, und das ohne alle Verlängerung oder Verzögerung durch alle hier in dieser Schrift stehenden Gebete und Invocationen, mit aller Kraft, Macht und Gewalt dieser darüber gesprochenen Gebete und Anrufungen, dass sie die Stimme des Beschwörers fürchten und meinen Geboten eilends und folgsam Gehorsam leisten müssen. Das bitte ich dich, o allerhöchstes Gut, Herr Gott, Jesus Christus, Sabaoth, Emanuel, durch die Kraft deines heiligsten Namens, durch die unendliche Barmherzigkeit, Gnade und große Gewalt und durch die Namen Adonay, Usion, Psy,

Hely, durch welche Salomon alle Teufel gebunden und bezwungen hat. Und er hat sie mit den heiligsten Worten Gottes eingeschlossen, wie er sie genannt hat. Also verleihe auch mir hier und jetzt durch diese Worte die Kraft um alle bösen Geister und böse Engel der Luft, der Erde und der Hölle zu bezwingen, dass sie mir gehorchen in allem, was ich immer befehle; das verleihe mir Gott, du wahrhaftiger, lebendiger, heiliger Gott.

Du starker, mächtiger und unendlicher, gewaltiger, barmherziger Gott. Du unsterblicher, ehrenreicher, ewiger Adonay ✠ El ✠ Elohim ✠ Eloha ✠ Zebaoth ✠ Esserheye ✠ Elion ✠ Jach ✠ Tetragrammaton ✠

Saday, durch dich, und alle hochheiligen Namen, welche auch nicht in dieser Schrift stehen, und durch alle ihre Kräfte, die schon beschworen wurden und durch alle Gebete, die noch gebetet werden, bete und rufe ich dich an, und bitte dich, dass alle diese Geister in Kraft dessen bezwungen werden, mir zu gehorchen, sich zu fügen und wahre Antworten zu geben, von all dem, was ich sie fragen, und dass sie tun, was ich befehle und begehre, durch unsern Herrn Jesum Christum deinen geliebten Sohn, der unter uns gelebt hat und mit dir herrscht, von Ewigkeit zu Ewigkeit. Denn dein ist das Reich und die Kraft und die Herrlichkeit in Ewigkeit Amen.“

Viertes Gebet

„O Herr, allmächtiger, ewiger, barmherziger Gott. Eloha, Vedaoth, Habacca, du heiliger, dreifaltiger Gott, in Beständigkeit der drei Personen, Gott Vater Adonay, Elhay, Gott Sohn Emanuel Saday, Gott heiliger Geist Eloha Jehova. Der du Adam und Eva und alle anderen Menschen geschaffen hast und ihnen die Möglichkeit gegeben hast, zu sündigen und es noch immer zulässt. Du hast dich im Namen der zweiten Person um der Sünde willen von deinen eigenen Kreaturen ans Kreuz schlagen lassen, und bist daran gestorben. Ich bitte dich um dieser Geheimnisse willen, o allerbarmherzigster und allerheiligster Gott und Vater Abba, Adonay, Elhay, durch Jesum Christum deinen

Sohn, Emanuel, Saday, in der Kraft des heiligsten Geistes Elhoa, Jehova, und begehre Kraft dessen von dir auf allerlei Weise, durch welche ich kann zusammen bringen, beschwören, binden und bezwingen alle Geister und böse Engel, und dass ich die Gewalt habe durch dich mit diesen zu sprechen und diese meine Begehren erfüllen.
Sei mir gnädig und verleihe mir dazu die Macht durch das Alpha und Omega, durch den Anfang und das Ende, welcher ist Jesus Christus dein Sohn. Und das gebiete ich euch, ihr Engel und Geister, wo und wie ihr auch seid, und begehre von euch durch Zwang, Kraft, Macht, Gewalt, Worte, Namen, und den Geboten Gottes, des dreieinigen heiligen, ewigen, allmächtigen und himmlischen König Adonay, Saday, Jehovah, Melech, dass ihr von nun an unverzüglich mein Begehren, ohne Schaden meiner Seele, Leibes, Fleisches und Blutes vollbringt, durch die Kraft und Worte, die gesprochen werden über die Kreaturen und Steine, und uns durch seine heiligen Namen Gewalt geben, Kraft dessen die Teufel auszutreiben und zu binden. Und dass sie Kraft dessen gehorchen müssen, also geschehe jetzt mein Begehren, und werde wahrhaftig wahr, durch die ewige Wahrheit und Barmherzigkeit Gottes, dass du, o Gott aller Götter, Saday, Elhay, Adonay, Jach, der du allmächtig, heilig und erhöht bist. Verleihe mir dazu deine Gnade und Hilfe durch deine wunderbare Kraft und Allmacht. Amen."

Fünftes Gebet

O du allergroßmächtigste, ewige Gottheit und Majestät, und allerhöchste Kraft, Adonay, Jehovah, Melech, die du allmächtig geordnet hast in deiner Weisheit und versprochen denen, die deinen heiligsten Namen andächtig anrufen und demütigst aussprechen werden, über die Geister zu herrschen, dass selbe sogleich durch deine allerheiligsten Namen, Kraft, Macht, Gewalt und Wirkung erscheinen, folgen und gehorsam sein müssen.
O Adonay, Saday, Jehova, Melech, Agios, Otheos, Ichirios, Atanathos, Tetragrammaton, Sother,
O Vausion, Oriston, El, Ely, Ele, Saday, Emanuel, Alpha und Omega.

Allergütigster, dreifaltiger Vater, Sohn und heiliger Geist, ich rufe dich demütig an und bitte aus ganzem Herzen, ganzer Seele und aus allen meinen Kräften, dass du mich durch mein gegenwärtiges Anrufen erhörst und mich durch das Wort Fiat bemächtigst. Es werde und bleibe die Kraft und Wahrheit aller Worte und Namen die in dieser Schrift stehen. Sie sind also gesegnet ✠ consekriret ✠ kräftig ✠ heilig und bestätigt ✠ und gerichtet, wie es sich geziemt, so dass damit böse und andere Geister beschworen und berufen werden können, dieselben durch die dreifaltige Kraft deines allerheiligsten Namens, in der Kraft Jesu Christi, des wahrhaftig dreieinigen Gottes, von Stund an herbeikommen an den Ort welcher bestimmt wird, um den Willen des Beschwörenden fleißig zu vollbringen, ohne allen Schrecken und ohne Schaden an Leib und Seele für mich und meinen Schutzbefohlenen. Die gerufenen Geister sollen mir, gehorsam und ohne allen Widerstand sein, und mir dienen durch den hochheiligen Namen zu allen Zeiten. Der du lebest und regierst von Ewigkeit zu Ewigkeit. Amen.“

Sechstes Gebet

„Du großer, unerforschlicher und wundertätiger Jod, Ja, Jeho, Jtova, Jova, Jehova, der du in einem sichtbaren Feuer mit deinem Knecht Mosis auf dem Berg Sinai aus einem feurigen Busche gesprochen und verkündet hast, dass du ewiglich warst und auch in alle Ewigkeit bleiben wirst, du alleiniger Beherrscher des Himmels und der Erde, des Meeres und der Hölle und aller lebendigen Wesen in demselben, der du deinen Dienern und Propheten Ella und Elisey ihre Augen geöffnet hast, die Heerscharen der Himmel und Lüfte zu verstehen, du großer unerforschlicher und wundertätiger Jod, Jah, Jeho, Jtova, Jova, Jehova, der durch Jesum Christum ✠ dem Blinden die Augen geöffnet, die höllischen Geister unter das Joch getan und ihr Reich zerstörtest, sie aber auch gewürdigt hast, die Wahrheit zu bekennen, ich bitte dich im Namen deines einzigen Sohnes Jesu Christi, der in dir ist und du in ihm bist, und er und du eins sind Kraft eurer göttlichen Worte und Beteuerungen. Durch deine heilige und allmächtige Gegenwart und Wahrheit hast Du die Propheten erleuchtet. Erleuchte auch mich mit deinem göttlichen Licht, auf dass dein gläubiger und getaufter Christ ……… (Name des Betroffenen) *von dem Ihm anhaftenden Übel erlöst wird und ich als dein Diener mit keinerlei Betrug getäuscht werden*

mag, sondern gebiete und zwinge durch dein alles erschaffendes Wort Hata, dass die Geister und Dämonen mir auf meine Fragen deutlich, wahrhaftig Antwort geben und mir Folge leisten. Sie niemand erschrecken, beleidigen oder verletzen dürfen, in und durch deines lieben und eingeborenen Sohnes Jesu Christi Kraft, Gnade, Barmherzigkeit und wundertätiger Allmacht willen. Amen.“

Nach dieser zeremoniellen Bemächtigung, welche im Beisein der besessenen Person vollzogen wird, kann sich der Exorzist ans Werk machen den Geist aus dem Betroffenen zu vertreiben. Er wendet sich also dem Besessenen zu, segnet ihn durch das Kreuzzeichen, besprengt ihn mit Weihwasser und beginnt damit die folgenden Psalme in demütiger Haltung laut zu rezitieren, wobei er den Betroffenen nach jedem Psalm mit Weihwasser besprengt.
Diese Vorgehensweise ist unter Einhaltung der Diät bis zu zwei Wochen täglich zu wiederholen. Zwischen den Exorzismen sind mit kurzen Pausen im Beisein des Betroffenen die bereits erwähnten Befreiungsgebete zu sprechen, welche sich immer wieder (auch während der Nacht) wiederholen. Um dem Exorzisten Ruhepausen zu gewähren ist es sinnvoll, wenn dieser einen Vertreter bei sich hat welcher eine Ablösung ermöglicht. In diesem Fall sind die bisherigen Consekrationen von den Exorzisten gemeinsam zu beten. Dies ist insbesondere bei verschiedenen Praktiken, wie die Bannung in den Spiegel, hilfreich, bei welchen der Vertreter assistieren kann.

Munc ora Psalm fequentes

1. *„Herr Gott aller Götter, Adonay, Saday, Jehovah, Melech, du König aller Könige des Himmels und der Erden, in dir hoffe und vertraue ich, lasse mich nicht zu Schaden kommen, denn ich bin dein Knecht.“*

2. *„Erhalte uns, mein Gott, mein Herr in deiner Treue, das bitte ich dich, O Adonay, Zebaoth.“*

3. *„Deine gnädigen Ohren, O Herr, kehre zu mir und erhöre mich und meine Bitte.“*

4. *„Eilends stehe auf, du allerhöchster, heiligster, gebenedeitester König Adonay, Saday, Jehovah, Melech, trete hervor und rette uns aus Angst und Not, aus Ach und Weh."*

5. *„Ich liege, ich sitze, ich gehe, ich stehe ohne Ruhe. Herr helfe uns aus unseren Nöten, verweile nicht länger. Ich bete zu dir Elion, Adonay, Jach."*

6. *„O Herr, Adonay, Saday, Jehovah, Melech, O du unser Beschirmer stehe uns bei, sei unser Schutz und starker Turm wider unserer Feinde."*

7. *„Sei uns gnädig und barmherzig und bewahre uns alle Tage unseres Lebens."*

8. *„Hilf mir gnädig mit deiner Kraft und gib mir deine göttliche Gewalt und Herrschaft, damit ich ritterlich möge streiten wider die, deren gar zu viele sind, vor mir, hinter mir und auf beiden Seiten."*

9. *„Du bist mein Felsen, O Adonay, Saday, Jehovah, Melech, meine Stärke und bist meines Herzens Kraft und Schild."*

10. *„Sage mir dein Wort, O Herr, wodurch ich dir kann wohl gefällig sein, und sei unser Helfer in aller Not."*

11. *„Sei und bleibe unser Heil, unser Leben, unser starker Gott, du Adonay, Saday, Jehovah, Melech."*

12. *„Wer ist denn, der dir möge widerstreben, und wer ist deines Gleichen?"*

13. *„Wer anders hat die Welt betrüglich gerichtet mit ihren bösen Listen und falschem Gesicht, als die dem Satan angehangen sind?"*

14. *„Sind sie nicht abgewichen von dem Berg deines heiligen Testamentes, die du geboren hast und erschaffen, und haben sie nicht vergessen ihren Gott und Schöpfer?"*

15. *„Haben sie nicht mit Hochmut den zweiten Ausgang überstiegen und in den Zeiten Aquilonis ihren Thron besitzen wollen?"*

16. *„Aus deren Ursachen sind die Kreaturen der Bosheit und Phantasie."*

17. *„Du aber hast sie ausgespieen im Zorn und Grimmen deines Angesicht und sie sind gefallen, und durch deine schreckliche Kraft, nach deiner mächtigen Verordnung in die Luft, in die Erden, in die Hölle, in den Abgrund verbannt!"*

18. *„Nun siehe Adonay, Saday, Jehovah, Melech, die du also gestürzt und verflucht hast, siehe, diese legen uns Netz und Strick!"*

19. *„Sie leben allenthalben in Bosheit und Ungehorsam, und stellen dich nicht vor ihre Augen!"*

20. *„Darum, O Herr Adonay, Saday, Jehovah, Melech, nehme dich unser an, stehe auf und hilf uns aus allen unseren Gefahren."*

21. *„Behüte uns vor allen falschen und bösen Dingen, die unserer Seele, Leib, Fleisch und Blut schaden wollen."*

22. *„O Herr Adonay, Saday, Jehovah, Melech, dir empfehlen wir unseren Geist, unseren Leib, Fleisch und Blut."*

23. *„Nimm uns auf in deine Hände, O wahrer Gott, und bewahre uns, deinen Knecht und seinen Schutzbefohlenen, sei unser Helfer in allem Streit."*

24. *„Die Kraft deiner heiligen Gottheit helfe mit in meinem Werk den Anfang zu machen, und deine Allmächtigkeit beschließe das Ende in deiner Güte!"*

25. *„Nach deiner eigenen Wahrheit und nach deinem eigenen Versprechen erbarme dich unser und sei mir gnädig in meinem Verlangen."*

26. *„Glorie, Lob, Ehr und Benedeiung, Kraft, Macht und Stärke sei Gott dem Vater ✠ Gott dem Sohn ✠ und Gott dem heiligen Geist ✠ gleich wie er war im Anfang, also nun in Ewigkeit, Hosanna in der Höhe. Halleluja!"*

27. *„Die göttliche Kraft, die heilige Macht und Gewalt des Himmels mache mich sieghaft und befreie uns und streite mit mir für dich."*

28. *„Damit wir das Böse überwinden jetzt und allezeit und in Ewigkeit durch Jesum Christum unseren Herrn. Amen."*

Oratio

„Im Namen unseres Herrn Jesu Christi bitte ich dich, du allerheiligste Dreifaltigkeit Gott Vater ✠ Gott Sohn ✠ und Gott heiliger Geist ✠, dass du mir seiest meine Hilfe und Schirm nun und ewiglich, durch die Kraft des heiligen Kreuzes deines eingeborenen Sohnes, des mit dir lebendigen wahrhaften Gottes. Ich bitte dich, O Vater Aba, Elhay, Adonay, Jah und durch Verdienst und Würdigung der allerhöchsten Jungfrau, Tochter, Mutter und Braut Gottes Maria, und durch alle heiligen Namen, Kraft, Macht, Wirkung und Tugend, dass du mir deine göttliche Gnade, Gewalt, und Herrschaft verleihen wollest anno jetzt über alle Geister und böse Engel, dass sie durch die Kraft, Macht, Gewalt und Tugend deiner göttlichen Namen, wenn ich sie rufe oder beschwöre, von Stund an hervorkommen und gehorsam mein Begehren, meine Befehle und meinen Willen vollbringen, und alsbald erfüllen; und dass sie mir noch meinen Schutzbefohlenen nicht können noch mögen schaden, auch keine Furcht und Schrecken einjagen, sondern, dass sie mir ohne Widerrede und Weigerung gehorsam zeigen und in allem dienen müssen, und dass ich also durch die Beschwörungen, Gebete und dessen Kraft glücklich ausführe und vollende das vorgenommene und angefangene Werk. Dazu bestätige mich mit deiner heiligen Gnade. O Adonay, Saday, Jehovah, Melech, du heiligster König des Himmels und der Erde, der du über alles im Himmel und auf Erden Gewalt hast und auch über die Finsternis und den Abgrund herrschst, Amen."

Nun nimm ein geweihtes Kreuz, wende dich zu dem Betroffenen strecke ihm das Kreuz entgegen und sprich direkt zu dem Dämon, welcher von dem Betroffenen Besitz ergriffen hat:

„Mit der Autorität des allmächtigen dreifaltigen Gottes, welcher der Herr aller Dinge ist, frage ich dich, der du Besitz ergriffen hast von diesem Menschen, nach deinem Namen und dein Siegel. Nenne mir also wie du genannt wirst und offenbare dein Zeichen!“

Sollte der Dämon keine Folge leisten, so besprenge den Betroffenen mit Weihwasser, segne ihn mit dem Kreuzzeichen und spreche:
„In nomine Patris ✠ Et Filii ✠ Et Spiritus sancti ✠. Mit der Allmacht Gottes, seines auferstandenen Sohn Jesus Christus, vor welchen keine Lüge besteht, und der gesegneten Jungfrau Maria, welche die Schutzpatronin der Menschen ist, fordere ich dich auf, mir deine wahre Identität mitzuteilen. Wer bist du, mit wem bist du und wer hat dich geschickt? Warum hast du diesen Menschen befallen?“

Diese Beschwörung ist nach jedem der folgenden Gebete und Segnungen zu wiederholen bis sich der gewünschte Erfolg einstellt. Bei Bedarf kann der Dämon durch folgende Zitate zu Reaktionen gereizt werden:
„Durch das heilige Symbol des Sieges über die Dunkelheit bezwinge ich Dich (Kreuz auf die Brust legen) beantworte also meine Fragen, denn in der Gegenwart Gottes hast Du keine Macht.“
Der Dämon wird versuchen den Exorzisten psychisch anzugreifen oder zu provozieren indem er sehr persönliche Dinge ins Feld führt. Dies ist vom Exorzisten zu ignorieren welcher sich mit Versprengen von Weihwasser zur Wehr setzt, wobei er spricht:
„Die Macht des dreifaltigen Gottes unterwirft Dich. Du hast hier keine Macht."

Wenn sich der Dämon mitteilt kann ein Handel abgeschlossen werden, welcher durch einen Pakt besiegelt wird. Sollte kein Handel möglich sein, ist der Dämon durch folgende Worte zu bannen. Auch diese Vorgehensweise ist zwischen den Gebeten und Segnungen, welche nun folgen, zu wiederholen, wobei Weihwasser auf die entsprechende Person gesprengt wird und diese mit dem Kreuzzeichen gesegnet wird:

„Mit der Macht und der Autorität des gekreuzigten und auferstandenen Herrn Jesus Christus, sowie der heiligen Jungfrau Maria gebiete ich dir, unreiner Geist, weiche!"

BENEDICTIONES ET SOLUTIONES

Zwischen den Segnungen soll der Exorzist immer wieder Fragen stellen. Der Exorzist ergehe sich dabei jedoch nicht in weitschweifigen Reden oder in unnützen und neugierigen Fragen, besonders nicht über zukünftige und verborgene Dinge, die mit seinem Auftrag nichts zu tun haben; vielmehr befehle er dem unreinen Geist zu schweigen und nur auf seine Fragen zu antworten. Fragen, die gestellt werden müssen, sind z. B. jene nach der Anzahl und den Namen der eingefahrenen bösen Geister, jene nach der Zeit und dem Grunde ihres Eintrittes und dergleichen mehr. Außerdem muss die Frage gestellt werden, ob sie aufgrund der Zauberkunst einer Hexe oder eines Hexenmeisters in den Körper gefahren sind. Der Wahrheit willen muss der Dämon diese Fragen, welche im Namen Gottes oder der Macht des heiligen Kreuzes gestellt werden, beantworten. Kennt man erst den Namen des Dämons so kann man diesem befehlen. Auch der Bannspruch zum Ausfahren soll immer wieder wiederholt werden, wobei geweihte Gegenstände benutzt werden sollen. Die Zeit eines Exorzismus ist variabel, er kann mehrere Stunden bis hin zu Monaten dauern. Da die Dämonen Widerstand leisten, kommt es gelegentlich zu Rückfällen.

Nach einem erfolgreichen Exorzismus kommt es zur Ausfahrt des Dämons, was normalerweise sehr spektakulär verläuft. Das Opfer erleidet noch einmal heftige Krampfanfälle, erbricht sich oder blutet stark aus der Nase. Auch während der Besessenheit aufgetretene Leiden (v. a. Lähmungen) sind plötzlich nicht mehr vorhanden, außerdem tritt nach der Ausfahrt beim Opfer oft eine stundenlange Erschöpfung ein. Neben diesen den Besessenen betreffenden Folgen der Vertreibung des Dämons, kommt es auch im Umfeld zu ungewöhnlichen Phänomenen. So können beispielsweise Kerzen ohne ersichtlichen Grund erlöschen oder Scheiben zerspringen.

Benedictio primus

„Es segne ✠ und bekräftige ✠ dich Gott der Vater ✠ durch die Macht seiner allmächtigsten Gottheit, durch das Geheimnis der allerheiligsten Dreifaltigkeit, und durch die Kraft seiner grundlosen Barmherzigkeit, und löse auf und widerrufe alle Bande und Bündnisse, die jemals zu meinem Vorhaben und Verhalten durch hohe Gewalt verschlossen wurden, und also löse ich auf, bei allen diesen und vorgesprochenen Worten, im Namen Gottes des Vaters ✠ und des Sohnes ✠ und des heiligen Geistes ✠ Amen."

Benedictio 2

„Es segne ✠ und bekräftige dich Gott der Sohn ✠ durch die Kraft seiner ewigen Gottheit und Menschheit durch die Verdienste seines heiligsten Lebens, durch die Kraft seines bitteren Leidens und Sterbens, durch die Kraft und Gewalt seines heiligen Kreuzes, löse auf und widerrufe alle Bande und Bündnisse, die jemals gegen mein Vorhaben und Verhalten durch höhere Gewalt sind, geschlossen wurden; und also löse ich auch bei allen diesen und vorgesprochenen Worten im Namen Gott des Vaters ✠ Gott des Sohnes ✠ und Gott des heiligen Geistes ✠, Amen."

Benedictio 3

„Es segne ✠ und bekräftige dich Gott der Heilige Geist ✠ durch die Kraft seiner hohen Gottheit und durch die höchste Macht seiner allerheiligsten erschrecklichen Majestät, und durch alle Kraft, Macht und göttliche Gewalt im Himmel und auf Erden, und löse auf und widerrufe alle Bande und Bündnisse, die jemals gegen mein Vorhaben und Verhalten durch höhere Gewalt sind geschlossen worden, und also löse ich auf bei allen diesen und vorgesprochenen Worten im Namen Gott des Vaters ✠ des Sohnes ✠ und des heiligen Geistes ✠, Amen."

Benedictio 4

„Es segne ✞ und bekräftige dich die allerheiligste Jungfrau Maria, die Mutter Gottes Jesu Christ und mache dich heilwürdig durch die Kraft und Reinheit ihrer heiligen Empfängnis und durch die hohe Gewalt ihrer heiligen Majestät, auf dass du behaltest die Kraft, Macht, Gewalt und Wirkung deren Dinge, die du behalten sollest zu was ich wolle, löse auf und widerrufe alle Bande und Bündnisse, die jemals gegen mein Vorhaben und Verhalten durch höhere Gewalt sind geschlossen worden, und also löse ich auf bei allen diesen und vorgesprochenen Worten im Namen Gott des Vaters ✞ und des Sohnes ✞ und des heiligen Geistes ✞ Amen."

Benedictio 5

„Es segnen ✞ und bekräftigen dich alle heiligen Jungfrauen es segnen und bekräftigen dich heut und zu allen Zeiten alle Heiligen ✞ und Auserwählten Gottes, es segnen ✞ und bekräftigen dich alle himmlischen Dinge und Geheimnisse. Es segnen ✞ und bekräftigen dich alle hochheiligen Engel und Erzengel, alle heiligen Mächte und Gewaltigen, alle heiligen Fürstentümer und himmlische Kräfte, alle heiligen Throne und Herrschaften, alle heiligen Cherubim und Seraphim, die ganze himmlische Glorie und alle Chöre der heiligen Engel und seligmachende Geister ✞ segnen dich, und erhalten dich kräftig mit aller Gewalt und Kraft Gottes und himmlischen Macht, die sie haben und lösen auf und widersprechen allen Banden und Bündnissen, die jemals gegen mein Vorhaben und Verhalten durch höhere Gewalt sind geschlossen worden, und also löse ich auf bei allen diesen und vorgesprochenen Worten. Im Namen Gott des Vaters ✞ und des Sohnes ✞ und des heiligen Geistes ✞ Amen."

Benedictio 6

„Es segne ✠ und bekräftige ✠ dich Jesus Christus, der schreckliche Gott Zebaoth, durch die Kraft, Macht und Gnade aller heiligen, hochwürdigen Sakramente, und durch die priesterlichen Consekrationen, welche heut und zu allen Zeiten durch die ganze heilige Christenheit geopfert und verrichtet wurden, und durch die Ablässe und Gnaden, so heut und allezeit durch die ganze Welt ausgeteilt und verdient werden, und löse mir auf und widerspreche allen Banden und Bündnissen, die jemals gegen mein Vorhaben und Verhalten durch höhere Gewalt sind beschlossen worden. Und also löse ich auf bei allen diesen und vorgesprochenen Worten. Im Namen Gott des Vaters ✠ und des Sohnes ✠ und des heiligen Geistes ✠ Amen."

Benedictio 7

„Ich segne ✠ und bekräftige dich ✠ also aus Kraft, Macht und Gewalt Gottes, durch die Verdienste und Würdigkeit Jesu Christi der allerseligsten Jungfrau Maria und aller Heiligen Gottes, und aus Gewalt und Erlaubnis des römischen Stuhls, der apostolischen Kirche, und weise auf dessen Kraft und widerspreche allen Banden und Bündnissen, die jemals gegen mein Vorhaben und Verhalten durch höhere Gewalt sind geschlossen worden. Und also löse ich auch für mich alle Bande bei allen diesen und vorgesprochenen Worten. Im Namen Gott des Vaters ✠ und des Sohnes ✠ und des heiligen Geistes ✠ Amen."

Psalm 67

„Es erhebe sich Gott, dass seine Feinde zerstreut werden und dass, die ihn hassen, vor seinem Angesichte fliehen. Wie der Rauch vergeht, so sollen sie vergehen; wie das Wachs schmilzt im Feuer, so mögen die Sünder vergehen vor dem Angesichte Gottes!

Seht hier das Kreuz des Herrn, fliehet, ihr feindlichen Mächte! Ich treibe dich aus, unreiner Geist, wer du auch sein magst, jedwede teuflische Gewalt, jeden Angriff des höllischen Gegners, jede teuflische Legion, Vereinigung und Sippe! Im Namen und durch die Kraft unseres Herrn Jesu Christi ✠ seiest du entwurzelt und vertrieben aus den nach Gottes Ebenbild erschaffenen Menschen und durch das kostbare Blut des göttlichen Lammes ✠ erlösten Seelen! Wage es nicht mehr, heimtückische Schlange, das Menschengeschlecht zu betrügen und zu verfolgen, noch die Auserwählten Gottes zu schütteln und zu sieben, wie man den Weizen siebt.

Es gebietet dir Gott der Allerhöchste, dem gleich zu sein, du dich in deinem großen Hochmut noch immer vermissest, er, der will, dass alle Menschen selig werden und zur Erkenntnis der Wahrheit gelangen. Es gebietet dir Gott der Vater ✠ es gebietet dir Gott der Sohn ✠ es gebietet dir Gott der Heilige Geist ✠ Es gebietet dir Christus, das ewige, menschgewordene Wort Gottes ✠ der für die Rettung unseres durch den Neid verführten Geschlechtes sich erniedrigt hat und gehorsam geworden ist bis zum Tode. Er hat seine Kirche auf festen Felsen gebaut und hat versprochen, dass die Pforten der Hölle sie niemals überwältigen werden und dass er bei ihr bleiben werde alle Tage bis ans Ende der Welt.

Es gebietet dir das Zeichen des heiligen Kreuzes ✠ und die Kraft aller Geheimnisse des christlichen Glaubens ✠ . Es gebietet dir die hehre, jungfräuliche Gottesmutter Maria ✠ , die seit dem ersten Augenblick ihrer unbefleckten Empfängnis durch ihre Demut dein wahnsinnig stolzes Haupt zertreten hat. Es gebietet dir der Glaube der heiligen Apostel Petrus und Paulus und der übrigen Apostel. Es gebietet dir das Blut der Märtyrer und die fromme Fürbitte aller Heiligen ✠.

Also beschwöre ich dich, du verfluchter Drache, und den ganzen teuflischen Anhang, bei dem lebendigen ✠ Gott, bei dem wahren ✠ Gott, bei dem heiligen ✠ Gott, bei Gott, der die Welt so sehr geliebt hat, dass er seinen eingeborenen Sohn dahingab, damit alle, die an ihn glauben, nicht verloren gehen, sondern das ewige Leben haben. Höre auf, die menschlichen Geschöpfe zu täuschen und ihnen das Gift der ewigen Verwerfung einzuflößen! Fliehe, Satan, du Erfinder und Meister allen Betrugs, du Feind des menschlichen Glückes! Räume den Platz Christus, an dem du nichts von deinen Werken gefunden hast! Beuge dich unter die mächtige Hand Gottes! Zittere und fliehe vor der Anrufung des heiligen und ehrfurchtgebietenden Namens Jesu, vor

dem die Hölle erbebt, dem die Kräfte des Himmels und die Mächte und Herrschaften unterworfen sind, den die Cherubim und Seraphim unermüdlich preisen, indem sie rufen: Heilig, heilig, heilig ist der Herr, der Gott der Heerscharen! Der Himmel und Erde erschaffen hat! Gott des Himmels, Gott der Erde, Gott der Engel, Gott der Erzengel, Gott der Patriarchen und der Propheten.
Gott, der Du die Macht hast, das Leben zu geben nach dem Tode und die Ruhe nach der Arbeit, weil außer Dir kein Gott ist und weil es keinen geben kann als Dich, den Schöpfer aller sichtbaren und unsichtbaren Dinge, und dessen Reich kein Ende haben wird. Demütig flehen wir Deine glorreiche Majestät an, sie wolle uns mächtig behüten vor jeder Gewalt, vor jedem Fallstrick und Betrug, vor jeder Verruchtheit der höllischen Geister und uns unversehrt bewahren. Vor den Nachstellungen des Teufels, bewahre uns, O Herr! Wir bitten Dich, erhöre uns durch Christus ✠, unsern Herrn. Amen.“

Conclusum

„O Herr Jesu Christi, du Sohn des lebendigen, allmächtigen Gottes und der reinsten Jungfrau Maria, segne ✠ diesen Menschen und vertreibe den unreinen Geist welcher sich diesem bemächtigt hat, durch deine allmächtige Kraft ✠, durch deine überhöhte Gottheit und Menschlichkeit ✠ und durch alle deine Vollkommenheit ✠ welcher sich dieser Mensch anvertraut. Heilige Mutter Gottes, Schlangenzertreterin, Siegerin in allen Schlachten Gottes, unterwerfe das Böse und befreie diesen Mensch von dem Übel das ihn befallen hat. Zwinge die Geister sich zu stellen und mir vollkommen zu gehorchen im Namen unseres Herrn Jesu Christi, ✠ der Sohn des wahrhaftigen Gottes ✠ welcher unter uns gelebt hat und auferstanden ist zu seinem Vater, wo er herrscht von Anfang zu Anfang und von Ende zu Ende, von Ewigkeit zu Ewigkeit ✠. Amen.

Omnia quae fiant, in nomine Jesu et Maria ✠

Quibus peractis dicitur super librum vel Conjurationem etc. fequens absolutio: Ego…(Name des Betroffenen) te absolvo ab omnibus inter dictis, vinculis, Banno, Ermonicuticamone, et ligamine, libero te. In Nomine Patris ✠ et Fili ✠ et Spiritus ✠ Sancti ✠. Amen.

Et per fequentio verba mysteriosa absolvo te ✠ Andriga ✠ Eree ✠ Anech ✠ Phenipaton ✠ Achmo ✠ Vokos ✠ Albiruth ✠ Guthan ✠ Agalich ✠ Enepheney ✠ Pluton ✠ Agampaton ✠ Tetragrammaton ✠ Alpha et Omega ✠ Agal ✠ Adonay ✠ Emanuel ✠ Ell ✠ Elion ✠ Sabaoth ✠ Amathon ✠ Alligineor ✠ Jarce ✠ Movan ✠ Nadara ✠ Pecar-ceos ✠ Acaprena ✠ Yegu Podayg ✠ Secrosicium.
In Nomine Patris ✠ et Filli ✠ et Spiritus Sancti ✠ Amen"

Befehlung zu Gott

„Herr, himmlischer, gütiger und barmherziger, allmächtiger und ewiger Gott, Ich befehle heute als dein Diener den Leib und die Seele dieses Menschen in deine Obhut, der Weisheit Gott des Vaters in die Wirkung Gottes des Sohnes und in die Zeugnisse Gottes des heiligen Geistes.
Ehr und Gut, Fleisch und Blut, sei behütet im Namen Gottes des Vaters ✠ und auch des Sohnes ✠ und des heiligen Geistes ✠, Amen."

Die erste Beschwörung

„Ich beschwöre dich, unreiner Geist, bei dem lebendigen Gott, bei Jesu Christi seinem geliebten Sohn, unserem Herrn, bei seinen heiligen fünf Wunden, die er erlitten hat am Stamm des heiligen Kreuzes, bei seinem heiligen blutigen Schweiß, den er für uns geschwitzt hat.
Im Namen Gottes des Vaters ✠ und auch des Sohnes ✠ und des heiligen Geistes ✠,.befehle ich dir, fahre aus und weiche, Amen."

Die zweite Beschwörung

„Ich beschwöre dich, unreiner Geist, bei dem lebendigen Gott, bei dem starken Gott, bei dem Gott, der Himmel und Erde erschaffen hat, und alle Kreaturen. Bei dem unsterblichen Gott, dass du in Ewigkeiten keine Ruh noch Rast findest wenn du weiterhin von diesem Menschen

Besitz nimmst. Darum fahre aus und weiche im Namen Gottes des Vaters ✞ und auch des Sohnes ✞ und des heiligen Geistes ✞, Amen."

Die dritte Beschwörung

„Ich beschwöre dich, unreiner Geist, bei dem lebendigen Gott ✞, bei Christo ✞, seinen heiligen fünf Wunden ✞, die Gottes Leichnam zwungen und drungen, bei seinem heiligen Blut ✞, und bei Maria ✞, der reinen Magd und ihrer Keuschheit, dass du Geist keine Ruh noch Rast mehr hast, ✞, weder im Wasser, noch im Feuer, in der Erden noch auf der Erden, in Lüften noch in Klüften, in den Steinfelsen oder wo du deine Wohnung hast, wenn du meinen Worten keine Folge leistest.
Darum fahre nun augenblicklich aus und weiche im Namen Gottes des Vaters ✞ und auch des Sohnes ✞ und des heiligen Geistes ✞, Amen."

Die vierte Beschwörung

„Ich beschwöre dich, unreiner Geist, bei den 72 Namen Gottes, bei Elia ✞, dem Tetragrammaton ✞, und dem Alpha et Omega ✞. Verlasse nun ohne Verzug und ohne Gefahr für Leib und Seele dieses Menschen oder dessen Güter. Weiche nun aus diesem Körper und kehre an deinen Wohnort zurück, das gebiete ich dir bei der Macht Marias, der reinen Magd, und bei der unüberwindlichen Dreifaltigkeit, Gott Vater ✞, Gott Sohn ✞ und Gott heiliger Geist ✞, Amen."

Hier wird nun der Dämon erneut aufgefordert sein Wesen mitzuteilen, wie dies im Kapitel „Oratio" ausgeführt wurde. Anschließend ist mit den Befreiungsgebeten des Ritual Romanum weiter zu verfahren, wie dies in dem Kapitel „Befreiungsgebete" erörtert wurde. Zwischen den Psalmen und Gebeten wird nun immer wieder die Befähigung der Kirche rezitiert:
„Durch das heilige Symbol des Sieges über die Dunkelheit bezwinge ich Dich (Kreuz auf die Brust legen), denn in der Gegenwart Gottes hast Du keine Macht."

Nach den Befreiungsgebeten setzt man wieder mit den Exorzismen der Conclavis ein, wie dies auf den vorangegangenen Seiten erörtert wurde. Dieser Vorgang wiederholt sich nun solange bis der Dämon ausfährt oder ein Abkommen zustande kommt.

Weitere Bücher von Raskasar aus dieser Reihe:

Die Runen und das Ogham,
ISBN 978-3-89094-475-3

Mit den im Buch enthaltenen Informationen werden praktische Ansätze vermittelt, um mit den Runen wie mit dem Ogham zu arbeiten. Es werden Anleitungen zur Herstellung eines Runen- und eines Ogham-Sets gegeben wobei die Symbole ausführlich erklärt werden. Ferner wird auf die alte Zeitrechnung, den Mondkalender, eingegangen. Eine Auflistung der Feste sowie der Götter runden das Werk ab und vermitteln das nötige Hintergrundwissen.
Die hier vorgestellten Praktiken sollten nur von denjenigen angewendet werden, die sich intensiv mit den geheimen Techniken auseinandergesetzt haben und Magie als Lebensanschauung, nicht als Experimentierfeld betrachten.
Wer jedoch eine fundamentale Einweisung sucht und den magischen Weg als Lebensaufgabe sieht, wird mit den hier vorgestellten Ausführungen ein Werk vorfinden, das ohne viel mystische Verschleierung auskommt und zielführend ist. Demjenigen seien auch die anderen Publikationen des Ordo Arcanum de Hermetica ans Herz gelegt, die ihm auf seinem Weg eine wertvolle Stütze sein werden.

Die vier Elemente in der Magie, Symbole der Autorität,
ISBN 978-3-89094-476-0

Mit den hier enthaltenen Anleitungen werden praktische Ansätze vermittelt, um erfolgreich mit den vier Elementen zu arbeiten. Weiter werden grundlegende Techniken im Bereich der Elementarevokation dargestellt und die Herstellung, Ladung und Verwendung der elementaren Waffen erörtert. Wer im Bereich der Magie fundamentale Einweisung sucht und den magischen Weg als Lebensaufgabe sieht, wird mit den hier vorgestellten Ausführungen ein Werk vorfinden, welches ohne viel mystische Verschleierung auskommt und zielführend ist. Demjenigen seien auch die anderen Publikationen des Ordo arcanum de Hermetica ans Herz gelegt, welche Ihm auf seinen Weg bestimmt eine wertvolle Stütze sein werden.

Edelsteine und das siderische Pendel,
von Frater Raskasar, Sor. Kysira, ISBN 978-3-89094-693-1

Die Verwendung von Edelsteinen hat innerhalb der Magie und der Heilkunde eine jahrtausendealte Tradition. Der Magier schätzt sie vor allem als Akkumulatoren, welche die für die Arbeit notwendige Energie zur Verfügung stellen oder als Speicher von Informationen und des Bewusstseins verwendet werden können. Auch ihre Heilkräfte sind von unschätzbarem Wert, darum gehört das Wissen über die Edelsteine zu den Grundlagen aller magischen Traditionen.
Der Umgang mit dem siderischen Pendel ist aus der Magie nicht mehr wegzudenken. Stellt dieses Werkzeug doch eine wertvolle Hilfe dar, um eine Brücke zum Unterbewusstsein zu bauen, welches mit den morphogenetischen Feldern und den Akasha-Chroniken korrespondiert, um somit eine Antwort zu den allermeisten Fragestellungen zu erhalten, wenn das dazu notwendige Wissen dabei zur Anwendung gebracht wird.
Durch die praxisnahe Vermittlung aus diesen beiden Bereichen – Edelsteine und Pendel – können die hier vorgestellten Vorgehensweisen erfolgreich in nahezu jede esoterische Arbeit integriert werden.

Kundalini - Die Kraft der schlafenden Schlange,
ISBN 978-3-89094-576-7

Die Erweckung der Kundalini-Kräfte war in vielen Mysterienschulen ein streng gehütetes Geheimnis. Mit der Erweckung der Kundalini erweitert der Adept sein Bewusstsein und entwickelt die feinstofflichen Kräfte, die ihn in die Lage versetzen, spirituelle Arbeiten wie Hellsehen (Aktivierung des Dritten Auges) oder Hellfühlen (Aurasehen) zu leisten. Diese Kräfte werden vom Adepten durch Übung und Ausbildung immer mehr beherrscht und kanalisiert. Wer jedoch im Bereich der Magie fundamentale Einweisung sucht und den magischen Weg als Lebensaufgabe sieht, wird hier ein Werk vorfinden, das ohne mystische Verschleierung auskommt und zielorientiert ist.

Telepathie, Die Macht des Geistes nach einer Vorlage von Karl Spiesberger von Frater Raskasar, ISBN 978-3-89094-733-4

Eine allen Magiern zugesprochene Fähigkeit ist wohl die Kunst der Telepathie. Und sicher ist es ein entscheidender Vorteil die Gedanken der uns umgebenen Menschen zu kennen oder anderen Menschen über weite Entfernungen eine Botschaft zukommen zu lassen oder diese sogar manipulieren zu können. Telepathie wird ungefähr so empfunden wie normales Miteinander-Reden. Natürlich klappt das nicht von Anfang an, es kann schon vorkommen, dass am Anfang der Übungen etwas als Ahnung beschrieben wird. Im Laufe der Zeit jedoch wird diese Fähigkeit mit regelmäßiger Übung immer besser, bis Du die Fähigkeit der Telepathie vollkommen beherrschst und die Gedanken anderer Menschen auch dann „hören" kannst, wenn diese sie Dir nicht bewusst übermitteln.

Aus dem Inhalt:

Die Entwicklung der Aufnahmefähigkeit und Sendefähigkeit mit den entsprechenden Übungen, Gedankenlesen und Gedankenmanipulation, Telepathische Beeinflussung, Schutzmaßnahmen gegen fremde Beeinflussung u.v.m. ...

Blutmagie, Lebenskraft als Potential des Wirkens von Frater Raskasar, ISBN 978-3-89094-730-3

Sehr viele wichtige, tief in das Bewusstsein der Menschheit eingegrabene Begriffe verbinden sich mit dem Wort „Blut". Es sei hier nur an Begriffe wie: Blutsverwandtschaft, Blutsbruderschaft, Blutschande usw. erinnert. Schon in dem Wort Blut liegt ein magischer Wortzauber nach der Lehre der Vokalmagie.
In den Sitten und Gebräuchen der Völker, in deren Überlieferungen, Märchen und Sagen aber auch in vielen Redewendungen, findet man noch viel Wahres über die Bedeutung des Blutes verborgen. Im Volksmund heißt es z. B.: „Es liegt mir im Blute", oder „Ruhig Blut bewahren" oder: „Böses Blut machen" oder: „Das Blut zwingt" usw. Das hat alles seinen tieferen Sinn. Die Vorstellung vom Blut als Sitz der Seele ist dabei bereits im altbabylonischen und ägyptischen Gedankengut vorhanden und selbst heute noch gilt das Blut in vielen Religionen als göttliches Lebenselement, welches Vitalität verleiht. Dem wird von den Juden und Moslems noch heute durch das Schächten Rechnung getragen.
In der christlichen Religion nimmt das Blut Christi als Sakrament eine zentrale Stellung ein. In der Eucharistie wandelt dazu der Priester Brot und Wein durch einen sympathiemagischen Akt in das Blut und das Fleisch Jesus Christus. Fleisch und Blut treten hier in Analogie zu Brot und Wein, wobei symbolisch die Gläubigen durch dessen Verzehr untrennbar in Christus vereinigt hervorgehen.

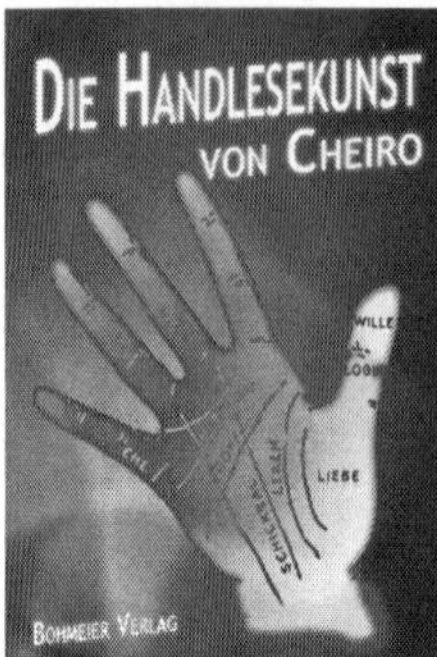
Die Handlesekunst
von Cheiro
Bohmeier Verlag

High werden ohne Drogen
Ein Bewusstseinserweiterndes Handbuch
von Frederick E. Dodson

Krafttiere
Die unsichtbaren Begleiter
Bohmeier Verlag

Das Geheimnis der Dualseelen,
Seelengefährten und Seelengeschwister
von Sandra Ruzischka
Bohmeier Verlag

Des Teufels Apokryphen
Zu jeder Geschichte gibt es zwei Seiten
von John A. De Vito
Bohmeier Verlag

Sternentore
Die rätselhafte sechste Dimension

Die Entsäuerung des Körpers
in 10 Schritten
Der ultimative Jungbrunnen und Schlankmacher!
Das Säure-Basen-Gleichgewicht
Anleitung zur Ausschwemmung krankmachender Säure
Bohmeier Verlag
von Patrizia Pfister

Die geheimen Botschaften,
Manuskripte und Schätze der Templer
in RENNES - LE - CHATEAU
Die Auflösung des kosmischen Geheimnisses
das bisher nur Eingeweihten vorbehalten war
von Monika Hauf

Das Buch der
Werwölfe
von Sabine Baring-Gould
Bohmeier Verlag

Küchenmagie
von Sor. Conata
Bohmeier Verlag